Ilka Scheidgen

Martin Walser

Der weise Mann vom Bodensee

TWENTYSIX – Der Self-Publishing-Verlag
Eine Kooperation zwischen der Verlagsgruppe Random House
und BoD – Books on Demand

© 2017 Ilka Scheidgen
© 2017 Ilka Scheidgen für alle Fotos
© 2017 Ilka Scheidgen für das Cover

Herstellung und Verlag:
BoD – Books on Demand, Norderstedt

ISBN: 978-3-740-72809-0

Ilka Scheidgen

Martin Walser

Der weise Mann vom Bodensee

Gott ist ein lauter Nichts, ihn rührt kein Nun noch Hier:
Je mehr du nach ihm greifst, je mehr entwird er dir.

Angelus Silesius

Inhalt

Einleitung	9
Biografisches	12
Mein Besuch bei Martin Walser	14
Nach meinem Besuch	59
Ein liebender Mann	61
Zweitausendacht	68
Weiterschreiben	77
Zweitausendzwölf	78
Zweitausendvierzehn	85
Zweitausendfünfzehn	95
Zweitausendsechzehn	97
Zweitausendsiebzehn	104
Gedanken zum Schluss	116
Veröffentlichungen	118

Einleitung

Ob Martin Walser diese Charakterisierung gefiele, ein weiser Mann zu sein? Vielleicht. Vielleicht jetzt im Alter. Früher ganz sicher nicht. Denn wer weise ist, schreibt nicht. Jedenfalls keine Literatur. Oder muss zumindest nicht schreiben. So wie Martin Walser. Schreiben wie Atmen. Ein Schreibender ist ein Zweifler, ein Suchender, keiner, der Antworten weiß. Die sucht er höchstens. In jedem Buch neu.

Nun mit fast neunzig Jahren hat Martin Walser ein Buch vorgelegt mit dem kapriziösen Titel „Statt etwas oder Der letzte Rank" und nennt es Roman. Und man starrt auf das Weiß im goldenen Rahmen auf dem Umschlag und liest einen Satz wie diesen „Unfassbar sein wie die Wolke, die schwebt". Und weiß, das hier ist so etwas wie die Summe, die Quintessenz all seines bisherigen Schreibens.

Das Weiß im Weiß ist das Nichts, ist die Leere, ist Alles, ist Mystik, worüber wir uns bei meinem Besuch am Bodensee vor gut zwanzig Jahren unterhalten haben. In einem „Gespräch, das - wie es ja soll – zu weit ging".

Da ist Martin Walser wieder angelangt, will mir scheinen. Unglaublich, wie er auf der Klaviatur aller literarischen Genres spielt. Die er schon immer bravourös beherrschte: die Lyrik und die Erzählung, den Roman und Essay, das Theaterstück und den Aphorismus. Alles ist da. „Statt etwas".

Martin Walser

Der Romanautor, Dramatiker und Essayist Martin Walser wurde am 24. März 1927 in Wasserburg am Bodensee als Sohn eines Gastwirts geboren. Als 16-Jähriger wurde er als Flakhelfer eingezogen und kam bei Kriegsende in Gefangenschaft. 1946 konnte er das Abitur ablegen. Walser studierte in Tübingen und Regensburg Germanistik, Geschichte und Philosophie und promovierte 1951 über Franz Kafka. Schon während seines Studiums arbeitete Walser beim Süddeutschen Rundfunk, für den er bis 1957 tätig war. In dieser Zeit begann er aber auch schon zu schreiben und wurde ab 1953 zu den Tagungen der Gruppe 47 eingeladen.

1950 heiratete Walser die Pianistin Katharina Neuner-Jehle, mit der er gemeinsam vier Töchter hat. Das Ehepaar lebt in Nußdorf am Bodensee.

Martin Walser hat eine Fülle von Romanen geschrieben, die fast sämtlich das Scheitern so genannter kleiner Leute am Leben behandeln. Ironisch-sarkastisch, aber nicht ohne Mitgefühl beschreibt Walser deren Glücksverlangen, den Wunsch nach gesellschaftlichem Aufstieg und die Überforderungen durch eine rücksichtslose Leistungsgesellschaft.

Martin Walsers Werk wurde vielfach ausgezeichnet, u. a. 1957 mit dem Hermann-Hesse-Preis, 1981 mit dem Georg-Büchner-Preis, 1996 mit dem Friedrich-Hölderlin-Preis und 1998 mit dem Friedenspreis des deutschen Buchhandels. Mit seiner Dankesrede zu diesem Preis, in der er von einer ‚Instrumentalisierung des Holocaust' sprach, löste er die so genannte Walser-Bubis-Debatte aus, in der Ignatz Bubis Walser vorwarf, Auschwitz zu verharmlosen. Walser hat sich auch schon vor dieser Kontroverse wiederholt gegen den Terror von Meinungen gewehrt.

2015 erhielt Walser den Internationalen Friedrich-Nietzsche-Preis. Außerdem wurde er mit dem Orden „Pour le Mérite" ausgezeichnet und zum „Officier de l'Ordre des Arts et des Lettres" ernannt.

Mein Besuch bei Martin Walser

Ein sonniger Septembernachmittag. Nußdorf – ein ruhiger Ort am Ufer des Bodensees, wenige Kilometer vom geschäftigen Überlingen entfernt und auf Sichtweite der barocken Klosterkirche Birnau. Weinstöcke und Obstbäume stehen in Reih und Glied. Die Sonne und eine leichte Brise verlocken Tausende von Segelbooten dazu, sich auf dem Wasser zu verteilen, und verleihen ihm ein heiter getupftes Aussehen zu. Straßennamen wie Zur Forelle, Zum Hecht, Zur Barbe, Zum Stichling lassen den See auch auf dem Trockenen allgegenwärtig sein.

Mit dem Besuchstermin bei Martin Walser hat es etwas gedauert, denn als ich ihn zum ersten Mal anrief, war er noch mitten in der Arbeit an seinem neuesten Roman und bat mich zu warten, bis er ihn beendet hätte. Dann noch einmal ein Aufschub. Walser war zwischenzeitlich erkrankt. Doch dann ist es so weit, dass ich ihn in seinem Haus in seinem Haus am Bodensee besuchen kann.

Das Haus von Martin Walser, schindelbedeckt, weinlaubumrankt. Die Klingel am Gartentor von Stauden überwuchert.

Frau Walser empfängt mich und führt mich hinauf ins Arbeitsreich ihres Mannes.

Es ist unter dem Giebel des großzügigen Einfamilienhauses eingerichtet. Der Blick geht hinunter zum See, an dessen schilfbestandenem Ufer das Grundstück unmittelbar angrenzt.

Hier lebt Martin Walser mit seiner Familie seit 1968.

Und er schätzt es, in so unmittelbarer Nähe des Bodensees zu wohnen, der ihn seit seiner Kindheit wie eine Selbstverständlichkeit begleitet.

Nach einer herzlichen Begrüßung setzen wir uns auf die bequemen Sessel unmittelbar vor dem großen Giebelfenster mit Blick auf Garten und See. Hier also wirkt Martin Walser.

Der Bodensee, an dem Walser 1927 in dem Ort Wasserburg geboren wurde, hat ihn, wie er mir erzählt, nicht losgelassen. Nach seinem Studium der Germanistik, Philosophie und Geschichte in Tübingen und Regensburg und seiner Beschäftigung beim Süddeutschen Rundfunk in Stuttgart ist er mit Beginn seiner Laufbahn als freier Schriftsteller 1957 an ihn zurückgekehrt. Der See ist Walser-Lesern aus seinen Romanen bestens vertraut. Ohne ihn als Hintergrund scheint Walser auch beim Schreiben nicht auskommen zu können.

Sein Schreibtisch und das Regal mit seinen Arbeitsbüchern (allesamt mit der Hand geschrieben und ordentlich nummeriert, damit er sich aus ihnen für seine Romane ‚verproviantieren' kann) stehen in einer Nische des hohen hellen Raumes, am weitesten entfernt vom Fenster.

Zur Zeit schaut man von hier oben vorwiegend auf Bäume, die, jetzt noch im vollen Laub, den See und die Sonnenreflexe auf dem Wasser nur spärlich freigeben. Man muss nah ans Fenster treten oder auf den angrenzenden Balkon, um das Ufer des Sees zwischen den mächtigen efeubewachsenen Stämmen von Eichen und Kiefern hindurchsehen zu können. Dort liegt das Ruderboot, selten genutzt, wie mir Martin Walser erzählt und ein altes Surfbrett, das inzwischen abgelöst wurde von einem besseren, moderneren, welches er häufiger benutzt. Aber am liebsten das pure Element Wasser! Nichts geht darüber: Schwimmen im See. Und nicht nur mal kurz, sondern eine Stunde lang. Erst dann wird es richtig wohltuend. Man lässt alles hinter sich, ist frei. Der See - ohne ihn kann Walser sich ein Wohnen nicht vorstellen.

Frau Walser tritt noch einmal diskret ins Reich ihres Mannes, bringt uns Kaffee und Kuchen und ist so unauffällig, wie sie eingetreten ist, wieder zur Tür hinaus. Kurz darauf begehrt der Hund, der elfjährige Appenzeller „Robbi", Einlass. Martin Walser öffnet ihm, bedenkt ihn mit einem zärtlichen Blick. Er wird die ganze Zeit anwesend sein, ohne zu stören.

Martin Walser, einer der bedeutendsten und erfolgreichsten deutschen Gegenwartsautoren, mit zahlreichen Auszeichnungen geehrt, liebt trotz seines hohen Bekanntheitsgrades die Zurückgezogenheit. Öffentliche Auftritte sind ihm, der sich in jungen Jahren offen politisch engagierte (z.B. im Wahlkampf 1961 für die SPD oder als Vietnamkriegsgegner} unangenehm geworden. Was nicht heißen soll, dass er sich nicht weiterhin ins politische Geschehen einmischt: kritisch und differenziert, mitleidend und nicht besserwisserisch sich zu Wort meldend.

Ziemlich einsam unter den Intellektuellen stand Walser mit seiner Auffassung zur deutschen Teilung, mit der er sich - seinem „Geschichtsgefühl" gemäß -nicht abfinden konnte. Das trug ihm viel Unverständnis, ja Häme ein. Dennoch empfand Walser nach der Wiedervereinigung weder Genugtuung noch gar Schadenfreude, sondern nur eine reine Freude darüber, dass es so gekommen ist, und dass er es noch erleben durfte.

Und dann sind da die Walserschen Romanfiguren: allesamt aus dem Mittelstand oder Kleinbürgertum, dem der Autor sich selbst zurechnet – Menschen wie du und ich. Treffsicher und mit

Witz, subtil und doch niemals verkomplizierend zeichnet Walser seine Charaktere.

Irgendwie liebenswürdig sind sie eigentlich alle in ihren Marotten, Selbstzweifeln, Erfolglosigkeiten. Selbst die Karrieresüchtigen und Prestigejäger werden, obwohl psychologisch treffend als solche enttarnt, in ihren Verrenkungen und Heucheleien niemals wirklich böse niedergemacht oder vom Moralkatheder aus verurteilt.

Nein, Martin Walser ist kein Pessimist, obwohl er sich in den Schwächen und Verbiegungen der Menschen bestens auskennt. Er ist ein Moralist, ohne Moral zu predigen. So versteckt Walser in seinen Romanen Reflexionen klar wie Glas und von scharfsichtiger Analyse.

Und fleißig ist er obendrein. Mehr als 50 Buchveröffentlichungen (Romane, Erzählungen, Theaterstücke, Hörspiele, Essays) liegen von ihm vor. Weil er sich keine andere Lebensform als die des Schreibens vorstellen kann. Das hat schon in der Kindheit angefangen. Das Schreiben war für Walser eine Fortsetzung seiner ersten Leseerfahrungen. Lesen und Schreiben – das ist eine Lebensart. Eine Form, sich selbst zu begegnen.

In dem Band „Zauber und Gegenzauber" mit Aufsätzen und Gedichten aus den letzten 30 Jahren erhält man einen ausgezeichneten Überblick über Walsers scharfsichtige Analysen von Zeitgeschichte, über Hintergründe seines Schreibens („Meine Muse ist der Mangel") und für viele, die ihn vor allem aus seinen Romanen und Theaterstücken kennen, sicher überraschend - auch über seine Lyrik, knappe Stimmungsnotate, zuweilen ironisch gebrochen, dann wieder von einer Schönheit und Empfindsamkeit, ja Zartheit, dass darin aufscheint, was Walser in einem Aufsatz über Gedichte (Eine Verführung zum Schönen) schreibt: „Das ist es, glaube ich, was die Gedichte schaffen: ein deutliches Gefühl. Das sogenannte Dasein ist für eine kurze Zeitlang nicht mehr stumm oder dunkel, sondern deutlich, bestimmt."

Dieser Band kam nicht in seinem Stammverlag Suhrkamp heraus, sondern in dem relativ unbekannten Verlag Isele. Wie es zu dieser Zusammenarbeit kam, frage ich Martin Walser. „Ja, dieser junge Verleger Klaus Isele," antwortet er, „ist eine liebenswürdig sensationelle Ausnahme. Ein nach meinem Gefühl geborener Verleger, der alles selber machen muss, der das auch alles gelernt hat." Walser hat dessen Wege schon eine Weile beobachtet und attestiert ihm „Geschmack und Leidenschaft". Und weil Walser weiß, wie schwer es für einen jungen Verlag ist, unterstützt er ihn, denn, so sagt er, „es ist mein Interesse, *dass* dieser Verlag gedeiht."

Natürlich bekommt ein so bekannter Schriftsteller wie Martin Walser auch viele Manuskripte von jungen Autoren zugeschickt. Früher hat er sie gelesen und auch schon manch einem Autor auf den Weg helfen können. Heute habe er einfach nicht mehr die Zeit und Kraft dafür. „Also das muss ich für mich abschreiben," sagt er mit aufrichtigem Bedauern, „denn man will ja zurechnungsfähig reagieren. Man ist ja ein bisschen mitverantwortlich. Und es ist so, dass man einfach zu dem nicht kommt, was man selber noch machen möchte."

Wir kommen auf das „Tagebuch eines Schriftstellers" zu sprechen. In dieser Essay-Sammlung aus den Jahren 1990-1993 lässt Walser den Leser ein gutes Stück hineinschauen in seine Schriftsteller-Existenz, die im Grunde in jeder Hinsicht eine ungesicherte ist. Denn, so erfährt es Walser, „Sprache ist das am wenigsten Verfügbare." Vom Schreiben und Lesen, von Erfahrungen und Meinungen ist hier die Rede. Letztere beurteilt Walser äußerst kritisch, denn „Meinung tendiert zum Urteil" und „je mehr Meinung, desto weniger Erfahrung". Wie ist er zu dieser Skepsis gegenüber der Meinungsäußerung, vor allem derjenigen in den Medien, gelangt, die für ihn etwas angenommen hat von „erpresserischem Meinungsabverlangen", frage ich ihn. „Das liegt natürlich an den Erfahrungen", antwortet Walser, „dass ein großer Teil der aktuellen Teilnahme in Sprache bei Intellektuellen in einer besonderen Sprachart stattfindet, bei der es fast ausschließlich ums Rechthaben geht." Er selbst habe auch bei sich, wenn er frühere Äußerungen kritisch beleuchte, feststellen müssen, wie „grell" sie teilweise gewesen seien.

Aber dass Meinungen heutzutage mehr und mehr im Vordergrund stünden, vielfach lediglich zu Schlagabtausch, zur Bekräftigung der eigenen oder zur Ablehnung der anderen führten, bedauert Walser zutiefst. „Meinung", sagt er, „das klingt nach: Es reicht. Nach: Bescheidwissen." Das schmerzt ihn. Wenn es zum Beispiel um seine Person geht. Wenn andere, Kollegen zumal, ihn in die rechte Ecke schieben wollen, nur weil er sich nicht mit der Teilung Deutschlands abfinden wollte und dann nach der Wiedervereinigung diese als „das liebste Politische seit ich lebe" bezeichnete.

Im Grunde, so sagt Martin Walser in unserem Gespräch, und es klingt Trauer in seiner Stimme, vielleicht auch eine Müdigkeit, die der Beschuldigungen, der Rechthabereien, der Zuordnungen überdrüssig geworden ist, sollte man einen Autor nur an dem messen, was er schreibt. „Natürlich", so fügt er hinzu, „gibt es Provokationen, gibt es zeitgenössische Probleme, da wusste ich nicht, wie man still sein könnte." Und doch, denke man z.B. an Bosnien, bekäme eine reine Meinungsäußerung, weil sie ja oft auch auf einer Art
Hilflosigkeit basiere, etwas von „Pseudo", gerade unter Intellektuellen - wenn nicht dabei eine konkrete Lösung angeboten werden könne.

Schreiben ist dagegen für Martin Walser ein Mittel, gegen etwas Unerträgliches, „gegen die nicht nachlassenden Zumutungen" aufzubegehren. In der Leidensfähigkeit sieht er eine der wichtigsten Voraussetzungen zum Schreiben.

Sein Herz gehört beim Schreiben seiner Romane dem Kleinbürger, wie er sich auch selbst als einen solchen sieht.

Seine Eltern, die aus bäuerlichen Familien stammten, hatten einen Gasthof in Wasserburg am Bodensee. Dort wurde Martin Walser 1927 geboren. Es war ein entbehrungsreiches Leben, das seine Kindheit prägte. Als er elf Jahre alt war, verlor er seinen Vater und musste das Geschäft, zu dem neben dem Gasthof noch ein Kohlehandel, Obst-und Holzverkauf gehörten, mit seiner Mutter und seinen Brüdern weiterführen. Mit 16 Jahren wurde er als Flakhelfer zum Militär eingezogen.

Früh hat Walser Mangel erfahren. Aber diese Erfahrung wurde für ihn zur Grundlage seines Schaffens als Schriftsteller. „Was uns fehlt, macht uns schöpferisch", sagt er einmal. Dies erklärt auch, dass seine Romanfiguren selten Glücksritter und Erfolgreiche sind. Vielmehr wurde Walser geradezu zum Experten und Chronisten von - zumindest nach landläufiger Meinung - Gescheiterten.

„Jemand, der die Mangelhaftigkeit seiner Identität nicht nur leidend hinnimmt, sondern in den Beschädigungen das Beschädigende zu erkennen sucht, wird ein Experte für Identitätsbeschädigungen. Wenn er sich mehr für das Beschädigende interessiert, wird er ein realistischer Schriftsteller." So hat Walser in dem Essay „Wer ist ein Schriftsteller" sich selbst charakterisiert. „Epiker der Alltagswelt" wird er von der Kritik apostrophiert. Seine Figuren stammen durchweg aus dem Mittelstand, sind Lehrer, Handelsvertreter, Angestellte - Menschen wie du und ich -, die Walser auf ihren Lebenswegen und -Irrwegen, meist mit liebevoller Ironie, beschreibt. Walsers Romane weisen ihn als subtilen Beobachter und Kenner der menschlichen Psyche aus. Sie bilden außerdem seit ihren Anfängen (1957 „Ehen in Philipsburg") eine Chronik deutschen Zeitgeistes, angefangen mit der Nachkriegszeit mit ihren Verdrängungen, der beginnenden Karrieregesellschaft, dem wachsenden Konkurrenzdruck bis hin zum geteilten Deutschland, das er erstmals in „Dorle und Wolf (1986) thematisierte und in dem Roman „Verteidigung der Kindheit", der durch die Wende in der

DDR noch während seiner Entstehung über Nacht zu einem historischen Roman wurde.

„Dieser Alfred Dorn (in „Verteidigung der Kindheit"), den Sie für mein Gefühl mit einer besonderen Hingabe gezeichnet haben, ist diese Figur Ihnen besonders verwandt?" frage ich Martin Walser. „Ja", antwortet er, „dadurch dass er zu seiner Mutter ein besonderes Verhältnis hatte. Das war für mich die Brücke zu dieser Person. Denn ich finde, wenn man eine Figur hat, dann kann man weiter gehen im Ausdruck, als wenn man über sich schreibt. Man hat die Figuren, um sich zu verbergen. Aber dann kann man sich entblößen." „Das Ausschlaggebende," verrät mir Walser, „war diese Liebesbeziehung des Sohnes zu seiner Mutter. Und ich hatte bis dahin zu meiner Mutter literarisch sozusagen immer geschwiegen."

An dieses Geständnis knüpfe ich an und frage Walser nach seiner Kindheit. „Sie sind ja in Wasserburg am Bodensee geboren, ein Stückchen weiter runter von hier", sage ich, worauf er mich sogleich verbessert „Rauf, nicht runter!" Wir lachen beide. Natürlich sind mir als Nicht-Bodensee-Beheimateter solche Feinheiten nicht geläufig.

Diesem See ist Martin Walser aufs engste verbunden. Als Kind, so erinnert er sich noch heute, habe er das erste Mal erfahren, dass es auch Siedlungen, Städte gibt, die nicht am Wasser liegen. Und er weiß noch, wie erschrocken er darüber gewesen sei. Es gehe ihm dabei nicht ums Panorama, erklärt er mir, sondern um das Wasser, das Wasser als Element. Das Meer muss es nicht sein, aber ein größeres Gewässer schon.

„Ich nehme an, es sind die Lichtverhältnisse, das Licht, das vom Wasser reflektiert wird. Das ist von Kindheit an in einen eingeflossen. Nur, man war sich dessen nicht bewusst." Sogar konkrete Umzugspläne nach Berlin habe es einmal gegeben. Aber sie scheiterten. „Wir hatten es nicht ernst gemeint, aber wir dachten, wir hätten es ernst gemeint!" Richtig lebhaft wird Martin Walser beim Erzählen. Was als Ausrede für den geplatzten Umzug in die Weltstadt Berlin, in der zu leben er sich durchaus hätte vorstellen können, diente, war im Grunde die Erklärung für das Nicht-Fortkönnen vom See: „Wir sind unabkömmlich", telegraphierte er seinem Freund

Uwe Johnson. Walser lacht, als er hinzufügt: „1973 als wir nach Amerika gingen, haben wir dann ein bisschen Welt nachgeholt!"

Von 1973 bis 1986 hatte er mehrfach Gastdozenturen in Amerika inne, die bis zu 6 Monate dauerten. Zu diesen Amerika-Aufenthalten hat Walser stets seine Familie mitgenommen. „Wie war das überhaupt für Ihre Töchter", frage ich, „einen berühmten Schriftsteller als Vater zu haben? Waren Sie ihnen (zwei der vier Töchter - Alissa und Johanna - sind ebenfalls Schriftstellerinnen geworden) in dieser Hinsicht wohl Vorbild?" „Das glaube ich nicht", gibt Walser zur Antwort. „Ich weiß nicht einmal, welches meiner Kinder welches meiner Bücher gelesen hat." War Ihr Vater Vorbild oder Hemmung, sei einmal in einem Interview eine Tochter gefragt worden. Weder - noch, habe sie geantwortet. „Die Jugend ist groß genug, dass sie an jedem Vater vorbeikommt!" meint Martin Walser schmunzelnd. So hätten seine Töchter auch ganz im Verborgenen angefangen zu schreiben, er hätte keine Ahnung davon gehabt.

Und nun gerät der Vater doch wahrhaftig ins Schwärmen, als er mir erzählt, wie er entdeckt hätte, dass seine Tochter Johanna mitten in der Nacht geschrieben habe - da sei sie 15 oder 16 Jahre alt gewesen.

„Das war für mich wirklich ein ganz großer Augenblick in meinem Leben! Wie ich gemerkt habe, dass sich da eine Sprache bildet."

Martin Walser hat einmal gesagt, dass er anschreibe gegen etwas Unerträgliches, ‚gegen die nicht nachlassenden Zumutungen'. In der Leidensfähigkeit sieht er eine der wichtigsten Voraussetzungen zum Schreiben.

Was genau er damit meine, frage ich ihn. So direkt darauf angesprochen, gerät Walser, der bisher im Gespräch sehr ruhig geantwortet hat, ins Stocken. Sie scheint fast ein wenig zu persönlich zu sein, diese Frage.

Und dennoch verwehrt er mir die Antwort nicht, lässt mich ein Stück weit hineinschauen in seine – wie ich mehr und mehr erkenne – scheue, empfindsame Seele.

„Das kann etwas gesellschaftlich Bedingtes sein, was zum Menschen, was zum Dasein gehört. Man kann das natürlich anders empfinden. Aber die Kürze des Lebens ist eigentlich eine Zumutung. Es gibt Geistestätigkeiten, die uns die Grundbedingungen des menschlichen Daseins erträglicher machen sollen, aber..."

Ob er denn das Leben, die conditio humana, dieses Eingespanntsein zwischen Geburt und Tod als eine solche Unerträglichkeit empfinde, frage ich zurück. Fast entschuldigend erklärt er: „Ich kann natürlich meinen Eltern keinen Vorwurf machen. Aber als Glück empfinden, das Leben?", stellt er zweifelnd in den Raum, zögert einen Moment, schaut nachdenklich aus dem Fenster zu den majestätischen Baumkronen der alten, hohen Eichen am Seeufer.

Lebhaft fährt er fort: „Natürlich, das ist ganz klar. Ich kann in einen Wald hineinschauen, und da ist der reinste Jubel – in diesem Augenblick. Und der Jubel wird durch seine vollkommene Endlichkeit im Augenblick natürlich nicht kleiner, aber er wird vollkommen aufgehoben."

Und wieder ein Zögern, ehe er leise weiterspricht: „Das ist auch absurd, dass etwas so schön ist, was im nächsten Augenblick nicht mehr da ist. Und dieses Nadelspitzengefühl in jedem Augenblick, ja, das ist für mich die Existenz. Wir alle haben an sich kein anderes Thema als die Zeit. Das ist gleichzeitig unsere größte Ausstattung und unsere größte Armut, dass wir diese Zeit haben als bewusst gewordene Erfahrung."

„Wenn es ein wenig anders gelaufen wäre in der Evolution, dann würden wir vielleicht sein wie mein Hund da."

Zärtlich betrachtet Walser seinen elfjährigen Appenzeller, der schlafend neben uns liegt. „Ich beobachte ihn viel", sagt er, „das ist eine großartige Ausstattung, die der Hund hat, nicht wahr? Dieses Dösen! Wo das Wort Geduld keine Rolle spielt. Ich sage ja nur, es hätte auch sein können, dass es nicht so gelaufen wäre mit der Evolution. Ich glaube, wir wären nicht schlechter dran."

In diesem Zusammenhang komme ich auf seinen Roman „Die Verteidigung der Kindheit" zu sprechen. Da heißt es über die Hauptfigur Alfred Dorn, der aus übergroßer Liebe zu seiner Mutter fast manisch alles aufbewahrt, was mit seiner Vergangenheit zusammenhängt: „Vielleicht war es ein Zeichen der Erschöpfung, dass er jetzt öfter die Hoffnung mobilisierte, die soviel Kraft beanspruchende Vorbereitung sei schon das, was sie vorbereiten sollte: die Verteidigung der Kindheit gegen das Leben."

„Ja", sagt Walser, „so sollte eigentlich der Titel lauten: Die Verteidigung der Kindheit gegen das Leben. Das war meine Arbeitshaltung. Das Leben drängt ja immer weiter zum Tod hin. Und gegen dieses weiterdrängende Leben muss man die Kindheit verteidigen."

Es will mir scheinen, als wenn diese Kindheit, die zu verteidigen sich Martin Walser mit diesem Meisterwerk aufgemacht hat – ohne dass seltsamerweise im Eigentlichen eine Kindheit dort beschrieben wird –, für ihn weniger eine fest umrissene Zeit ist oder ein festgelegter Ort, der vielleicht mit Heimat umschrieben werden könnte, als vielmehr ein Zustand. Ein bisschen ähnlich dem seines Hundes. Ich beginne zu verstehen.

„Dann ist für Sie Kindheit so etwas wie ein Mikrokosmos, ein in sich geschlossener Kosmos?", frage ich und löse mit dieser Frage eine geradezu emphatische Antwort aus. „Ja, ja, ja natürlich! Und das Leben öffnet sich und lässt diesen Kosmos zurück."

Da war einmal ein in sich geschlossenes Ganzes. Irgendwann, in der Vergangenheit. Das gilt es zu verteidigen, nicht ganz vergehen zu lassen, hinüberzuretten gegen „unsere Endlichkeit und Todesangst und Ausgeliefertheit".

„Nicht, dass die Welt nicht schön wäre", heißt es in Walsers Roman ‚Ohne einander', „sie ist nur unerträglich. Man müsste sie, um sie erträglich zu machen, zwingen, einen weißen Schatten zu werfen."

Da gibt es die Sprache als Antwort auf das Unerträgliche. Die Sprache, die Walser „unseren unkommandierbaren Reichtum" nennt. Die Möglichkeit, mit Sprache zu reagieren. „Alles befriedigender verlaufen zu lassen, dazu schrieb er die Wirklichkeit um. Er ertrug Wirklichkeit überhaupt nur noch, wenn er sie schreibend beantwortet hatte", schreibt er über die Romanfigur Silvio in ‚Ohne einander', die ihrem Schöpfer wohl nicht ganz unähnlich ist in diesen Gedanken.

Literatur und Religion haben da durchaus eine vergleichbare Funktion und Herkunft. Walser: „Es sage niemand, die für den literarischen Ausdruck ursächliche Erfahrung sei eine andere als die für den religiösen."

Beide sind Reaktionen, Antworten auf unsere Lebenssituation, auf die Gesamtnot unserer Existenz. „Und der Schmerz, nicht ewig sein zu können, diese schlimmste Wirkung der Zeit, ist der Anlass, gegen den wir sprechen, klagen."

Es ist schon eine besondere Erfahrung für mich, dass dieser bekannte Schriftsteller, dessen Romane sich so flott lesen mit ihrer Ironie, ihrem Humor, in ihrer Sättigung an Realität, bar jeder Bedeutungsbefrachtung, sich im Gespräch (aber auch in seinen Essays) als tiefernster Mensch zu erkennen gibt.

Große Offenheit prägt unser Gespräch und trägt es fast unwillkürlich zum Thema Gott. Sicher nicht von ungefähr. Denn über die Gottesproblematik hat Martin Walser viel nachgedacht. Die Menschheit in ihrer Kindheitsphase habe sich gleichsam als kollektiver Autor für alles, was ihr mangele, Gott erschaffen, dem sie all das in Fülle zuschrieb, was sie selbst nicht besaß: Das ist so ein Denkmodell von Martin Walser, Gott betreffend.

Er erzählt mir, dass er in seinen Notizbüchern, in denen er seine täglichen Schreibübungen macht (sie stehen im Regal hinter seinem Schreibtisch), im Laufe der Jahre unter dem Begriff ‚Gott' schon so viel gesammelt hätte, dass er daraus ein eigenes Buch machen könnte.

In den Band ‚Zauber und Gegenzauber' hat er einen Aufsatz hineingenommen ‚Aus den Notizen betreffend G.'. Und dann geht Walser zum Regal und holt ein schmales Bändchen heraus, ‚Über freie und unfreie Rede', und liest mir daraus vor: „Wenn es Gott nicht gäbe, könnte man doch nicht sagen, dass es ihn nicht gebe."

Das ist so ein Walser-Satz, den muss man erst einmal tief in sich sinken lassen, um ihn recht ausloten zu können. Während ich ihn noch einmal laut wiederhole, fährt Walser schon fort: „So ein Satz ist viel mehr als die syntaktischen Operationen. Es handelt sich ja um ein Hauptwort. Und ein verneintes Wort wird durch die Verneinung überhaupt nicht aus der Welt geschafft."

Mir fallen plötzlich die Sätze aus dem Prolog des Johannes-Evangeliums ein: „Im Anfang war das Wort. Und das Wort war bei Gott. Und Gott war das Wort." Und ich sage zu Martin Walser: „Das ist ja auch nicht von ungefähr."

Spontan und wie zum Zeichen, dass wir einander verstanden haben, sagt er: „Ich schenke Ihnen dieses Buch. Wissen Sie, Religion ist für mich vor allem ein Sprachproblem, die Religion meiner Kindheit war für mich durch meine Mutter angstbesetzt in einem Ausmaß, das kann man sich gar nicht vorstellen. Diese Glaubensverzweiflung, und sie wollte uns Kinder davor bewahren. Das machte es für sie nur noch schlimmer. Zum Glück", ergänzt Walser seine Erinnerung, „habe ich später Kierkegaard kennen gelernt, diesen gewaltigen Sprachmenschen".

„Religion ist Sprache", so hat es Kierkegaard formuliert. Dieser Erkenntnis zu begegnen war für Walser wie eine Offenbarung. Gleichzeitig hatte er doch auch etwas Positives aus seiner Kindheit herüberretten können: „... das Sprachvertrauen, das sich gebildet hat im Umgang mit den Texten der Religion".

Ob er sich als einen gläubigen Menschen bezeichnen würde, frage ich. Walsers Antwort ist sehr ernst, sehr ehrlich, sehr bescheiden – demütig fast. „Das darf ich gar nicht sagen. Pastoren können von einer Gewissheit des Glaubens sprechen. Aber ich darf nicht so reden, wie Sie es mir nahe legen. Denn in dem Augenblick, wo ich es sage, ist es schon nicht mehr wahr, selbst wenn es wahr gewesen wäre, bevor ich es gesagt habe. Aber wenn ich es gesagt habe, wird es, dadurch dass ich es gesagt habe, unwahr."

„Die Gewissheit des Glaubens ist ja kenntlich an der Ungewissheit", heißt es bei Kierkegaard. Und Walser hat diesen großen Denker in vielerlei Hinsicht zu seinem ‚Hausheiligen' erkoren, auch was die ‚Gegensätzlichkeitsform' angeht. „Wenn man von etwas nicht auch das Gegenteil sagt, sagt man nur die Hälfte. Ohne sein Gegenteil ist nichts wahr", schreibt Walser im Roman ‚Verteidigung der Kindheit'.

Walser hütet sich davor, Gewissheiten zu verkünden. Im Grunde möchte er ganz einfach sein, „auf nichts Eigenem bestehen. Nichts Bestimmtes sein. Das wäre Harmonie."

Aber Schreiben ist für ihn eine Notwendigkeit, auf Zumutungen, Schmerz und Mangel zu reagieren. Er hat große Erwartungen an sich selber und weiß immer auch schon, dass sich diese Erwartungen nicht erfüllen.

„Dennoch", sagt Walser nach einer nachdenklichen Pause, „ich glaube nicht, dass es falsch war, zu schreiben, statt zu leben. Man lebt wirklich nicht, wenn man schreibt. Andererseits ist es die einzige Art zu leben. Und das Ergebnis rechtfertigt nie, dass man alles andere so vernachlässigt hat. Und gleichzeitig das Gefühl, wieder nicht zum Ausdruck gebracht zu haben, wie es jeweils war. Nicht genau genug. In jedem Roman steckt immer auch der Roman, wie er nicht geworden ist. Alles beim richtigen Namen zu nennen, das wär es!"

Nach einem kräftigen Schluck Kaffee fährt Walser fort: „Die richtigen Namen zu nennen, das ist für mich die Sehnsucht nach dem, was Sie vorhin Kosmos genannt haben. Denn die richtigen Namen gibt es nur in einem Kosmos. Aber jeder Name ist gebrochen, jeder Ton ist gebrochen, wenn der Kosmos gebrochen ist. Deswegen meine Bewunderung für Leute, die so etwas noch haben. Es gibt bestimmte Personen, die können sich diesen Zustand bewahren. Ich brauche eine ungeheure Schocktherapie, bis ich in die Nähe des richtigen Tons komme!"

An dieser Stelle unseres Gesprächs zitiere ich die von mir so überaus geschätzten Verse des Dichters und Mystikers Angelus Silesius: „Die Ros' ist ohn Warum, sie blühet, weil sie blühet. Sie acht' nicht ihrer selbst, fragt nicht, ob man sie siehet."

Martin Walser lässt sie mich wiederholen und geht dann sofort lebhaft darauf ein. „Ja, das ist richtig, genau das ist es! Das ist auch etwas, was ich in mein Buch hineingebracht habe, dieses lästige Wort ,warum'. Ich habe bemerkt, dass es kein haltloseres deutsches Wort gibt als das Wort ,warum'. Ein Wort, das keinen Sinn ergibt. Eine Verfestigung. Ein sinnloses Wort. Wir fragen und fragen. Aber ,Warum?', das ist die ganz falsche Art zu fragen."

Es geht in dem Gedicht von Angelus Silesius vor allem um Absichtslosigkeit. Da stimmt Walser sofort zu. Das wisse er aus eigener Erfahrung: „Eine Absicht, selbst wenn man sie hätte, nützt nichts. Eine Absicht produziert überhaupt keine Sprache. Sprache kommt allein von dem, was weh tut, was einem fehlt, vom Mangel."

Deshalb sei auch die einem Autor so häufig gestellte Frage „Wollen Sie mit dem, was Sie schreiben, etwas bezwecken?" so grotesk, weil sich Sprache eben nicht kommandieren ließe. Während des Schreibens, während des Lesens oder Musizierens, sagt Walser, sei man ganz gegenwärtig. Und das, so gibt er zu, sei durchaus mit der Mystik zu vergleichen. Da begegne man sich selbst. Da gebe es keine Distanz. Man selbst stehe dabei auf dem Spiel. „Wenn man wagt, sich dem unwillkürlich Erfahrenen zu überlassen, dann besteht die Chance, dass man etwas über sich erfährt und ausdrücken kann, was man auf keine andere Art über sich erfahren und ausdrücken kann."

Die Messlatte ist hoch eingestellt: „Übertrieben alles, was sich nicht auf den Tod bezieht." Und: „Der Lobredner alles Seienden zu sein, das war und ist immer noch seine Sehnsucht." Bei dieser hohen Erwartung an sich selbst verwundert es nicht zu erfahren, dass der Schaffensprozess Martin Walser manchmal bis an die Grenze seiner Kraft treibt.

„Ich habe da gearbeitet an einem ganz spröden Stoff", erzählt er mir über die Arbeit an seinem letzten Roman. „Ich habe geschmolzen mit Schneidbrennern. Das war fast eine Art Selbstverbrennung. Verstehen Sie, manchmal nimmt es einem die Luft zum Atmen. Schreiben hat auch etwas Erwürgendes. Ich war wirklich kaputt und bin auch krank geworden."

Ich merke Martin Walser noch jetzt die Anspannung an, als er beinahe beschwörend ausruft: „Ich möchte das nie mehr machen, was ich die letzten zwei Jahre gemacht habe! Für mich war es unglaublich zerstörend und aufreibend und kaputtmachend und erledigend! Und kein Mensch wird es bemerken."

„Dem, was kommt, nur die Hand leihen." Das ist wahrhaftig kein Lebensersatz, es ist – so möchte ich sagen – Lebensauslotung durch Sprache. Und wenn, wie Walser es einmal in ‚Meßmers Gedanken' ausgedrückt hat, „Gott ... die Höhle (ist) in Jedem, in der die Dunkelheit Platz hat, die zu uns gehört", dann kann diese Dunkelheit erhellt werden durch Sprache, und die Gott-Höhle wird durch sie ausgeleuchtet und angestrahlt.

Ich habe den Eindruck, dass Martin Walser ein solcher Lichtanzünder ist. „Es könnte doch sein", schreibt er einmal, „dass Sinn ein Produkt ist wie

Licht, Wärme, Weizen und Milch. Etwas, was einschlägige Arbeit voraussetzt." Und an einer anderen Stelle: „Wir alle arbeiten mit aller Kraft, wir alle, alle produzieren. Interpretieren soll uns Gott oder die Geschichte oder sonst etwas Langatmiges."

Außer der Literatur ist noch eine weitere Kunst im Hause Walser vertreten, das ist die Musik. Schon wenn man das Haus betritt, ist der Konzertflügel nicht zu übersehen. Und man erkennt es aus Walsers Romanen, dass hier einer schreibt, der die Musik liebt und sich in ihr auskennt. Das ist wohl auch kein Wunder, wenn man erfährt, dass der junge Student Martin Walser 23-jährig die Musikstudentin Katharina Neuner-Jehle aus einer „möglichen Karriere als Pianistin herausgeheiratet hat".

„Bei uns musizieren alle", sagt er. Und wie der Schriftsteller Musik in Sprache umzusetzen vermag, davon mag eine kleine Kostprobe aus seinem Roman ‚Ohne einander' zeugen: „Er träumt nicht von Musik, sondern vom Glanz ... Dieses immer überspanntere Grave, das immer irrere Tanzen und Hämmern des Scherzos, das bodenlos mulmige Stampfen des Trauermarschs und das Prestogerase der Finale-Triolen ... Gerade durch Klavierkunst wird doch spürbar, was Musik für eine Zeiteinteilung ist; sie bringt Sekunden zum Klingen, dadurch tun sie beim Vergehn weniger weh." Das ist typischer Walser-Stil: Diese herrliche sprühende Sprachlust, die, gleichsam Volten schlagend, von distanziertester Ironie urplötzlich in tiefen, beinahe todtraurigen Ernst umschlägt.

Walser, der seine Verletzlichkeit hinter der ironischen Sicht seiner Figuren verbirgt, schmuggelt selbst noch ins heiterste Durcheinander tiefgründige Aperçus ein.

So erscheint in der Satire ‚Kaschmir in Parching', einem bis zur Groteske getriebenen Spiel, unvermutet und scheinbar völlig ohne Grund eine Äußerung wie diese: „Das ist das Wunder. Eine Welt, die aus unendlich vielen Vorgängen besteht, und nicht ein einziger davon ist sinnlos. Die Welt birst vor Sinn. Sinn ist eine Übersetzung von Notwendigkeit ins Menschliche."

Der Band ‚Meßmers Gedanken' (1985) ist voll von solchen Sätzen. Man möchte sie am liebsten alle zitieren. „Den Ausschlag gibt, wonach man sich sehnt." – „Ich wohne günstig. Beim kleinen Schmerz." – „Das Höchste: wenn es gelänge, die eigene Person statt als Hauptperson als Nebenperson darzustellen." – „Ware es so schlimm, wenn die Bäume uns überlebten? Denkt Meß*mer."* Am besten liest man sie. Wieder und wieder.

Wir haben auch gelacht während unseres Gesprächs. Aber die Ernsthaftigkeit überwog. Mit großer Offenheit und Unvoreingenommenheit ist mir Martin Walser begegnet. Was in seinen Romanen, die ja durchaus vergnüglich und unterhaltsam sind, fast ganz verborgen ist, ist der tiefe Lebensernst des Schriftstellers Martin Walser. Der Wunsch, sich zurückzunehmen, einfach zu sein. In unserem Gespräch konnte ich sehr viel davon erfahren.

Auf dem Balkon neben seinem Arbeitszimmer, fast in Höhe der Baumkronen am Seeufer, machte ich zum Schluss meines Besuchs noch ein Foto von Martin Walser.

Ich sehe ihn dort stehen und höre seine Verse:

Das Leben als Stimmung

Ich liebe den Leerlauf des Winds
durch die Bäume, das Rauschen
für nichts. Mich ergreift die Eitelkeit
der Wolken, die den Augenblick
beherrschen, wie für immer und
dabei vergehen.

Drei Stunden haben wir miteinander gesprochen, und die Zeit hat eine Weile stillgestanden. Sprache ist, was mit ihr gesagt werden kann. Nichts muss bewertet, nichts bewiesen werden.

„Dass wir miteinander reden, ist doch fabelhaft, und mehr kann es gar nicht geben", meint Walser, als ich ihm noch ein paar Bücher zum Signieren reiche. Er nimmt die Brille ab und schaut einen Moment in eine nicht ausmachbare Ferne.

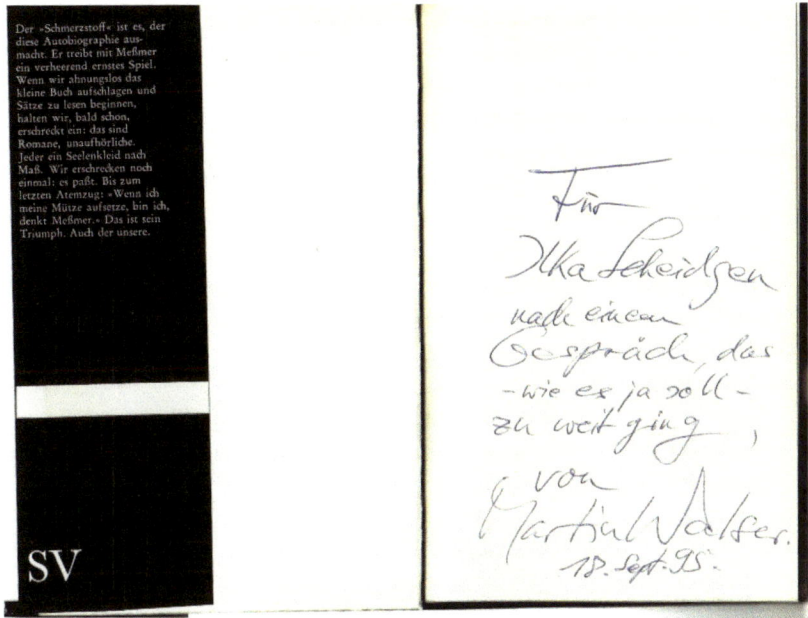

Plötzlich sagt er: „Hölderlin sagt in einem Gedicht: *Seit wir ein Gespräch sind und hören können voneinander*", und schreibt mir eine Widmung ins Buch.

Zu Hause entdecke ich in dem Buch, das er mir geschenkt hat, die Hölderlin-Zeile wieder und lese den dazugehörenden Kontext: „Wenn wir uns lesend und schreibend selber fassen, uns in Fremdes schicken, uns in Gegensätzlichkeitsformen üben, werden wir uns und damit anderen deutlicher, sind also weniger verloren und allein."

Und nun erst wird mir vollends bewusst, was ein Gespräch vermag, wenn „wir ein Gespräch sind".

Ich hatte Martin Walser meinen Erzählungsband „Die grüne Frau" und einen Gedichtband als Geschenk mitgebracht, für den er sich mit einer Widmung in das von ihm geschenkte Buch bedankte.

Und dann fand dieses wechselseitige Geschenk noch eine unerwartete Fortsetzungsgeschichte.

Liebe Frau Scheidgen, 20/11/95

nachdem ich also vor ein paar Wochen vergeblich nach Ihren Büchern gesucht hatte, probierte ich es heute, nach unserem Gespräch, noch einmal. Ich räumte Bücher auf, die noch nicht ihren Platz gefunden hätten. Das heißt ich nahm, ohne genauer hinzuschauen alles, was herumlag, trug es ins Sousterrain vor die Regale, fing an zu verteilen und hätte plötzlich Ihre Bücher in der Hand. Aber als ich das oben Herumliegende nach diesen Büchern durchsucht hatte, waren sie nicht dabei. Als ich ein paar von Ihren Gedichten gelesen hatte, habe ich mich über dieses Verschwinden und Wiederauftauchen nicht mehr gewundert. Schön unheimlich sind Ihre Gedichte. Und immer wieder so ernst, daß sie über alles Literarische hinausdrängen. Sie haben mich ernster gemacht als ich jetzt ohnehin bin.

Mit herzlichem Dank Ihr Martin Walser

Ilka Scheidgen
Die grüne Frau
Erzählungen

Der Band „Die grüne Frau" mit den Geschichten, die Martin Walser „ernster gemacht (haben), als ich jetzt ohnehin bin", ist längst vergriffen.

Nachlesen kann man sie nun wieder in dem neuen Erzählungsband „Der blaue Mann – Geschichten zwischen Traum und Wirklichkeit" (2016), der die Erzählungen aus dem Band „Die grüne Frau" mit neuen verbindet.

Nach meinem Besuch

Nach dem Tod des Suhrkamp-Verlegers Siegfried Unseld am 26. Oktober 2002 verließ Martin Walser diesen seinen Stamm-Verlag, dem er seit fast fünfzig Jahren als einer seiner prominentesten Vertreter angehört hatte, und wechselte 2004 zum Rowohlt Verlag. Grund waren die Querelen in der neuen Leitung und die mangelnde Unterstützung der Verlagsleitung, die gegen „einen von außen angezettelten Skandal in die Knie gegangen sei", womit Walser sich auf den noch bei Suhrkamp erschienenen Roman „Tod eines Kritikers" (2002) bezog, der ihm in den Feuilletons überwiegend den Vorwurf antisemitischer Tendenzen einbrachte. Walser fühlte sich zu Unrecht angegriffen. In seinem Roman „Der Augenblick der Liebe" hat er jenen Konflikt literarisch aufgearbeitet.

Ein liebender Mann

Im Frühjahr 2008 erschien Walsers Roman „Ein liebender Mann", den ich am 29 März in der Tageszeitung Die Tagespost besprochen habe unter dem Titel „Sich unter Schmetterlinge mischen".
Nachfolgend meine Besprechung:

Das Gespräch in seinen vielfaltigsten Prägungen scheint eins der wesentlichen Elemente zu sein in Martin Walsers neuestem Roman „Ein liebender Mann", in dem er die historisch verbürgte Liebe des Dichters Johann Wolfgang von Goethe zu der jungen Ulrike von Levetzow thematisiert.

Gespräche figurieren das Leitmotiv „Ein liebender Mann" in Form der tändelnd-geistreichen Dialoge zwischen Goethe und Ulrike, der inneren Monologe des zugleich zweifelnden und hoffenden Liebenden, der Liebesbriefe, die Goethe nach der Zurückweisung seines Heiratsantrages an die Angebetete schreibt, stündlich auf ihre Antwort hoffend.

Der Roman ist ein in doppelter Hinsicht kühnes Unterfangen: Walser schlüpft zum einen in die Haut des Dichterfürsten, beschreibt dessen Gefühle und Gedanken, als könne er sich nicht bloß auf magere Fakten stützen bei dem zum zweiten von manchem sowohl zur Goethezeit, als auch heute noch als skandalös empfundenen Altersunterschied von 54 Jahren zwischen den Liebenden.

Goethe war 73 Jahre alt, als er sich während eines Kuraufenthaltes in Marienbad in die 19-jährige Ulrike verliebte. Entstanden ist ein in seiner Geschlossenheit faszinierendes Werk, das Walser auf der Höhe seiner Dichtkunst zeigt. Schon sich einen der Größten der Literaturgeschichte derart hautnah anzuverwandeln, und nicht etwa als distanzierter Biograph zu nähern, dazu bedarf es wohl einer jahrzehntelangen dichterischen Einübung. Walser spielt in diesem altersweisen Roman virtuos auf der Klaviatur seiner schriftstellerischen Fähigkeiten: eine federnd leichte Prosa mit feiner Ironie, aphoristischen Einsprengseln und grandiosen Wortschöpfungen.

Mit erstaunlichem Einfühlungsvermögen erzählt Walser in den ersten beiden Teilen des Romans vom Zusammentreffen oder besser Erkennen der Beiden im Marienbader Kurpark, in dem Hunderte feiner Gäste promenieren: „Bis er sie sah, hatte sie ihn schon gesehen. Als sein Blick sie erreichte, war ihr Blick schon auf ihn gerichtet." So beginnt der Roman. Kann man ein Sich-Verlieben schöner beschreiben? Und so geht es weiter. Nicht einen Moment lang hat man als Leser das Gefühl, an etwas Peinlichem teilzunehmen.

Walser belohnt uns mit vielen „köstliche(n) Sprachangebot(en)", nicht nur jenem des „Augenblicks". Fastschonsingen, Glückswunder, Leichtigkeitsschwere, Gedichte als Eilpost der Seele - „ein geradezu umarmend schöner Wörterstrauß" wird präsentiert. Denn natürlich hat man es neben der anrührenden Geschichte dieser von Beginn an zum Scheitern verurteilten Liebe, die den alten Goethe tatsächlich bis ins Mark getroffen haben muss - zeugt doch davon die in den Roman integrierte Marienbader Elegie -, fast entscheidender noch mit der Auseinandersetzung von Leben und Schreiben zu tun, die immer schon Walsers Thema war. „Er konnte schreiben, was er wollte, über was er wollte, solange er schrieb, war er geschützt. Das war eingeübt. Das hatte er intus. Schreibend war er nicht von dieser Welt, sondern in einer eigenen."

Das wirklich Berückende dieses Romans aber ist, wie Martin Walser glaubwürdig und nachvollziehbar zu schildern vermag, was Liebe ist: „Die Liebe. Jetzt ist sie da. Es gibt sie also. Sie ist nicht bloß ein Sprachspiel. Sie ist die äußerst mögliche Bestimmtheit. Sie ist das Vorhandendste überhaupt. Das Ausfallendste. Die größte Sicherheit." Und was sie mit einem Menschen macht: „Er kann dem Sommer wieder glauben, was der ihm sagt. Er darf sich wieder unter die Schmetterlinge mischen und verwechselt werden mit den glühenden Lupinen. Zum Glück wird dieser Tag nie enden. Die Zeit, in der etwas wichtiger war als etwas anderes, ist vorbei. Endlich sind die Fragen geflohen auf ihren negativen Kontinent."

Und dass das keine Frage des Alters ist: „Meine Liebe weiß nicht, dass ich über siebzig bin. Ich weiß es auch nicht." Und doch: Auch wenn der alte Dichterfürst Beglückendes erfährt in den wenigen Zusammenkünften mit der jungen, erfrischend kecken Ulrike, die in einer vierstündigen gemeinsamen Wanderung in Karlsbad, beide nur für diese Zeitspanne vom Sie zum vertrauten Du wechseln, so ist diese bereits überschattet vom Abschied, der ein Endgültiger werden wird. Das Wenige, das zwischen ihnen war - ein paar zart getauschte Küsse, ein Tanz während eines Kostümballs, bei dem sich beide unverabredet als Werther und Lotte verkleiden, im Gespräch spielerische Übereinstimmung und tiefe Seelenverwandtschaft wird ihm nachträglich nur die „Gravitation ins Unmögliche" überdeutlich machen.

„Nichts macht so arm wie eine Liebe, die nicht glückt", lässt Walser seinen Goethe denken und weiter: „Wozu also Liebe? Dass wir merken, wir leben nicht mehr im Paradies. Dass kein menschliches Leben ohne Leiden bleibe. Keins."

Wie in allen seinen Romanen ist auch in diesem sein Held ein Scheiternder. Aber ein grandios Scheiternder. Noch in der Kutsche auf der Heimfahrt nach Weimar beginnt der Dichter Goethe mit der Niederschrift einer Elegie, die uns als „Marienbader Elegie" überliefert ist.

Wie aber Martin Walser den Prozess des Schreibens dem Leser begreiflich zu machen versteht in der ihm eigenen Sprachvirtuosität, zählt für mich zu den bedeutendsten Passagen des Buches.

„Hingegeben einem Gefühl, das noch keine Wörter kannte, ihn aber beim Wörterfinden unmissverständlich leitete. Das war das Schönste

beim Schreiben, besonders beim Gedichteschreiben: die vollkommene Sicherheit des Zustandekommens. Dieser unirritierbare Stimmungsverlauf: als gäbe es den Text schon, bevor er ihn fasste, und er musste ihn nur finden. Und wenn er ihn fand, dieses Erlebnis der Vollkommenheit. Kein Wort konnte anders heißen und an anderer Stelle stehen." Wenn Goethe in der Elegie dichtete „Mir ist das All, ich bin mir selbst verloren", so weiß Walser, „wer nicht verzweifeln könne, müsse nicht leben" und dass es nicht hilft, „geschrieben zu haben. Nur Schreiben hilft."

Indem Walser Goethe im Roman „Ein liebender Mann" einen fiktiven Roman mit demselben Titel schreiben lässt, führt er die Unmöglichkeitserfahrung der porträtierten Liebe ad absurdum. „Aber dieser Roman wird glücklich enden. Er hatte lange genug die schwierigen Verneinungen des Lebens in eine genießbare Sprache gebracht. Endlich ein Ton ohne die billige Spannung, die nach Auflösung drängt. Ein Ton ohne Disharmonie und Harmonie. Ein Ton aus nichts als sich selbst."

Diesen Ton getroffen zu haben, macht die Kunst dieses wunderbaren Buches aus.

Zweitausendacht

2008 war auch das Jahr, in dem mein Buch „Fünfuhrgespräche" mit zehn Autorenporträts, auch einem über Martin Walser, erschien. Fast hätten wir uns aus diesem Anlaß zu einem weiteren Gespräch bei ihm zu Hause getroffen. Martin Walser hatte sich bereits einverstanden erklärt, zur Bewerbung des Buches für das Magazin „Buchszene" sich mit mir zu treffen. Es sollte in dem Beitrag um das Thema „Werte wieder wahrnehmen" gehen.

Aus zeitlichen Gründen „hat man sich zu einer für alle Beteiligten vereinfachten Lösung entschlossen", wie ich Martin Walser in einem Brief mitteilte. „Der Redakteur hat aus meinem Porträt über Sie mit einigen Zitaten einen kleinen Beitrag zusammengestellt, der – wie es mir am Herzen lag – die existentiellen Aspekte Ihres Werks und innerhalb unseres Gesprächs in den Vordergrund rückt."

LiteraturZeit

Zu Gast bei Martin Walser

Für ihr Buch *Fünfuhrgespräche* besuchte die Publizistin Ilka Scheidgen zehn namhafte Schriftsteller, darunter Günter Grass und Carola Stern. In der buchSzene beschreibt sie ihr intensives Zwiegespräch mit Martin Walser.

Ilka Scheidgen
Fünfuhrgespräche
978-3-7806-3068-1
240 Seiten, € 19,95
Kaufmann

Das Haus von Martin Walser, schindelbedeckt, weinlaubumrankt. Die Klingel am Gartentor von Stauden überwuchert. Nach einer herzlichen Begrüßung setzen wir uns mit Blick auf Garten und See. Hier also wirkt Martin Walser. Sein Schreibtisch und das Regal mit seinen Arbeitsbüchern (allesamt mit der Hand geschrieben und ordentlich nummeriert) stehen in einer Nische.

Martin Walser hat einmal gesagt, dass er anschreibe gegen etwas Unerträgliches, „gegen die nicht nachlassenden Zumutungen". In der Leidensfähigkeit sieht er eine der wichtigsten Voraussetzungen zum Schreiben. Was er genau damit meine, frage ich ihn. So direkt darauf angesprochen, gerät Walser, der bisher im Gespräch sehr ruhig geantwortet hat, ins Stocken. Sie scheint fast ein wenig zu persönlich zu sein, diese Frage.

> **Ein Gespräch, das – wie es ja soll – zu weit ging.**
> *Martin Walser*

„Das kann etwas gesellschaftlich Bedingtes sein, was zum Menschen, was zum Dasein gehört. Man kann das natürlich anders empfinden. Aber die Kürze des Leben ist eigentlich eine Zumutung ..."

Große Offenheit prägt unser Gespräch und trägt es fast unwillkürlich zum Thema Gott. „Wissen Sie, Religion ist für mich vor allem ein Sprachproblem, die Religion meiner Kindheit war für mich durch meine Mutter angstbesetzt in einem Ausmaß, das kann man sich gar nicht vorstellen.

Ob er sich als einen gläubigen Menschen bezeichnen würde, frage ich. Walser: „Das darf ich gar nicht sagen. Pastoren können von einer Gewissheit des Glaubens sprechen. Aber ich darf nicht so reden. Denn in dem Augenblick, wo ich es sage, ist es schon nicht mehr wahr, selbst wenn es wahr gewesen wäre, bevor ich es gesagt habe."

WENIGER ALLEIN

Walser hütet sich davor, Gewissheiten zu verkünden. Später noch so eine tiefgründige Aussage: „Schreiben hat auch etwas Erwürgendes." Wir haben auch gelacht während unseres Gesprächs. Aber die Ernsthaftigkeit überwog.

Ich reiche ihm ein paar Bücher zum Signieren. Einen Moment schaut er in eine nicht ausmachbare Ferne. Plötzlich sagt er: „Hölderlin sagt in einem Gedicht: Seit wir ein Gespräch sind und hören können voneinander", und schreibt mir die Widmung ins Buch. Zu Hause entdecke ich in dem Buch die Hölderlin-Zeile wieder und lese den dazugehörenden Kontext: „Wenn wir uns lesend und schreibend selber fassen, uns in Fremdes schicken, uns in Gegensätzlichkeitsformen üben, werden wir uns und damit anderen deutlicher, sind also weniger verloren und allein."

Ilka Scheidgen

Auf der Frankfurter Buchmesse im Herbst 2008 erhielt mein Porträtband reichliche Aufmerksamkeit.

Das Verlegerehepaar Kaufmann des Ernst Kaufmann Verlages (der im Jahre 2016 sein 200 jähriges Bestehen feiern konnte) war zugegen und präsentierte meine beiden in ihrem Verlag erschienenen Bücher, die Biografie „Hilde Domin – Dichterin des Dennoch" (2006) und den Band mit Autorenporträts „Fünfuhrgespräche" (2008).

Im selben Jahr wurde ich vom Internationalen Bodensee-Club e.V. zu einer Lesung in Überlingen eingeladen. Im Rahmen der Veranstaltung „Lange Nacht der Bücher" sollte ich in der Gunzoburg mein Walser-Porträt neben einigen anderen Texten vortragen.

Der Vortragsraum war am Nachmittag des 15. November bis auf den letzten Platz gefüllt, einige Zuhörer fanden sogar keine Stühle mehr.

Zu meiner großen Überraschung und Freude war der Schriftsteller Arnold Stadler eigens zu meiner Lesung an den Bodensee gereist. Die beiden Dichter kennen sich gut. Martin Walser hat als erster den berühmten „Stadler-Ton" erkannt und gerühmt.

Auch der Veranstalter Dr. Kornelius Otto freute sich über das Kommen des berühmten Autors.

Martin Walser hat ein langes essayistisches Nachwort geschrieben zu Stadlers Roman „Mein Hund, meine Sau, mein Leben", worin er alle spezifischen Stadlerschen Kennzeichen preist. Nämlich das „Trotzdemschöne" in dessen Büchern, das lakonische Pathos, den Erinnerungsschmerz.

Und er beschließt seine Reflexionen folgendermaßen: „Tatsächlich ist das doch von Anfang an die wichtigste und schönste Wirkung eines Buches, dass wir beim Lesen empfinden, wir läsen gar nicht mehr in einem anderen Leben, sondern im eigenen".

Und so waren beide Autoren zugegen, Martin Walser abwesend und Arnold Stadler anwesend. Die Magie der Sprache macht es möglich.

Arnold Stadler, Ilka Scheidgen, Dr. Kornelius Otto vor der Gunzoburg

Von der mittelalterlichen Gunzoburg gingen wir hinunter zum Bodensee, wo an einem prägnanten Platz am Hafen der Walser-Brunnen steht, den Martin Walser nicht besonders liebt.

Was man ihm nicht einmal verdenken kann.

Im Anschluß konnten wir noch zusammensitzen und uns über Neuigkeiten im literarischen Betrieb austauschen.

Arnold Stadler, Ilka Scheidgen, Dr. Erika Zehle (stellvertretende Leiterin der Sektion Kunst des IBC)

Martin Walser war als Freund und Kollege abwesend-anwesend.

Weiterschreiben

Mit schöner Regelmäßigkeit veröffentlicht Martin Walser weiter Romane, Essays und seine tiefgründigen „Meßmerschen" Aphorismen. Darüber lässt sich wiederum schreiben.

Zweitausendzwölf

Martin Walsers jüngstes Werk „Über Rechtfertigung, eine Versuchung", wie ich finde, gerade rechtzeitig zu seinem 85. Geburtstag erschienen, hat es in sich.

Rechtfertigung ist eigentlich Walsers Lebensthema, und mehrfach war er diesem Zwang, sich rechtfertigen zu müssen, ausgesetzt. Auch das kann man nachlesen in diesem Essay. Doch dies ist nur eine Fußnote. Die Versuchung, sich zu rechtfertigen oder gar nicht mehr der Rechtfertigung zu bedürfen, in dieser Dialektik bewegt sich der Walsersche Denkkosmos.

„Gerechtfertigt zu sein, das war einmal das Wichtigste. Staaten legitimieren sich durch Gesetze. Regierungen durch Wahlen. Aber der Einzelne?", so beginnt sein fulminanter Essay, aus dem er übrigens in wesentlichen Teilen bereits eine Rede zum 9. November 2011 an der Harvard University hielt.

In brillanten Denkabfolgen illuminiert Walser in seiner Funktion als Sprachmensch die uralte

Geschichte des menschlichen Angewiesenseins auf Rechtfertigung.

Ausgehend von seinen frühen Arbeiten über Franz Kafka, der in seinem Roman „Der Prozeß" diesen schmerzhaften, letzten Endes vergeblichen Versuch einer Rechtfertigung vor sich selbst und der Welt unternimmt, geht er weit zurück in die 2000jährige Geistesgeschichte: zu Paulus, Augustinus, Luther, Nietzsche, Karl Barth.

Sie alle zeigen für Martin Walser auf, was für ihn selbst zur Gewissheit geworden ist, ja eigentlich schon immer war: „Fehlt deinem Leben die Rechtfertigung, die nur Gott selbst ihm geben kann, dann fehlt ihm jede Rechtfertigung." (Karl Barth).

Hellwach und mit erfrischender Polemik konstatiert Walser in seinem Essay die heutige Schläfrigkeit in Bezug auf eine Rechtfertigung durch Gott.

Walser beschäftigt sich nicht erst seit heute mit dem Gottesthema. Auch sein letzter großer Roman „Muttersohn" (2011) handelte davon. Von einigen wurde der Roman deshalb auch mit

Stirnrunzeln rezipiert. Dieser Glaubensbezug wurde mit seinem Alter in Verbindung gebracht.

Aber das Thema Gott hat Martin Walser schon von seinen Anfängen an nicht losgelassen. Die Menschheit in ihrer Kindheitsphase habe sich gleichsam als kollektiver Autor für alles, was ihr mangele, Gott erschaffen, dem sie all das in Fülle zuschrieb, was sie selbst nicht besaß: Das ist so ein Denkmodell von Martin Walser, Gott betreffend.

Darüber haben wir einmal sehr intensiv miteinander gesprochen.

Walser: „Es sage niemand, die für den literarischen Ausdruck ursächliche Erfahrung sei eine andere als die für den religiösen." Beide sind Reaktionen, Antworten auf unsere Lebenssituation, auf die Gesamtnot unserer Existenz. „Und der Schmerz, nicht ewig sein zu können, diese schlimmste Wirkung der Zeit, ist der Anlass, gegen den wir sprechen, klagen."

„Wer sagt, es gebe Gott nicht, und nicht dazusagen kann, dass Gott fehlt und wie er fehlt, der hat keine Ahnung. Einer Ahnung allerdings bedarf es", heißt es in „Rechtfertigung".

In einem fiktiven Seminar gibt er Studenten die Aufgabe Friedrich Nietzsche und Karl Barth, diese beiden Pfarrersöhne, in ihren Hauptwerken „Zarathustra" und „Der Römerbrief" miteinander zu vergleichen. Dazu liefert er eine Fülle von Zitaten und meint: „Beide erinnern an eine Zeit, in der es den Unterschied zwischen Dichtung und Religion nicht gab."

Und als Leser wird man gleich mit hineingerissen in diese existentielle Angewiesenheit auf Gott, wenn Walser Nietzsche zitiert: „Oh, komm zurück, / Mein unbekannter Gott! Mein Schmerz! Mein letztes - / Glück!" und Barth „Wir wissen, dass wir, wenn wir von der Herrlichkeit Gottes reden, eine Zukunft meinen, die nie und nimmer Zeit sein wird."

Walser selbst ist zutiefst mitgerissen von der „Genauigkeitsfähigkeit der Sprache" bei diesen beiden und – gleichviel ob bei Theologen oder Dichtern, wenn es darum geht, „Das Ja zum Nein der Welt" auszudrücken. Und er meint: „Und was für eine Bewegungsenergie entwickeln sie genau dadurch, dass ihnen Gott fehlt!" und bedauert: „Jetzt fehlt er offenbar nicht mehr. Darum fehlt die Bewegungsenergie um der Rechtfertigung willen."

In „Rechtfertigung", diesem persönlich-intellektuellen Glaubensbrevier des großen Sprachmagiers Martin Walser zieht er zum Ende Bilanz: „Zuerst hast du gedacht, durch dich würde ein neuer Ton entstehen, eine Sprache, in der, was bis jetzt nicht gesagt werden konnte, endlich ausgesprochen werde. Du hast dich nicht getraut. Es ist durch dich nichts möglich geworden."

Ich glaube, es geht Martin Walser in diesem Essay, den man getrost eine Streitschrift nennen kann, um nicht mehr und nicht weniger als um eine Rettung des Religiösen in einer säkularisierten Welt. „Was wir hinter uns gelassen haben: Rechtfertigung überhaupt von, sagen wir, oben zu erwarten, heute genügt es, dass es einem gut geht, dann ist sein Rechtfertigungsbedarf schon gedeckt."
„Ich kam nie ohne Glauben aus, ohne dass ich mich je als gläubig bezeichnen könnte", bekennt Martin Walser in einem aktuellen Interview (BZ vom 10.3.2012). Ganz ähnlich hat er es auch in unserem Gespräch formuliert, als ich ihn fragte, ob er ein gläubiger Mensch sei. „Das darf ich gar nicht sagen. Pastoren können von einer Gewiss-

heit des Glaubens sprechen. Aber ich darf nicht so reden, wie Sie es mir nahe legen. Denn in dem Augenblick, wo ich es sage, ist es schon nicht mehr wahr, selbst wenn es wahr gewesen wäre, bevor ich es gesagt habe. Aber wenn ich es gesagt habe, wird es, dadurch dass ich es gesagt habe, unwahr."

Die Suchbewegung eines jeden Menschen, die Suchbewegung von Martin Walser „Wohin sich wenden, wenn man weg muss von sich?" beantwortet - der Mystik nicht unähnlich, über die wir auch „im Gespräch waren miteinander" – als Ausklang von „Rechtfertigung" ein Gedicht von ihm:

Erwachend kaum
Und zugedeckt vom frommen Schnee,
sinken wir zurück zur Frühe.
Dem Kristall der schönen Not
entkommt nur Licht.
Ich möchte nichts wissen,
was die Kerze nicht weiß.
Die Welt gehört unter die Haube.

Und wenn, wie Walser es einmal in ‚Meßmers Gedanken' ausgedrückt hat, „Gott ... die Höhle (ist) in Jedem, in der die Dunkelheit Platz hat, die zu uns gehört", dann kann diese Dunkelheit erhellt werden durch Sprache, und die Gott-Höhle wird durch sie ausgeleuchtet und angestrahlt.

Ich habe den Eindruck, dass Martin Walser ein solcher Lichtanzünder ist. „Es könnte doch sein", schreibt er einmal, „dass Sinn ein Produkt ist wie Licht, Wärme, Weizen und Milch. Etwas, was einschlägige Arbeit voraussetzt." Und an einer anderen Stelle: „Wir alle arbeiten mit aller Kraft, wir alle, alle produzieren. Interpretieren soll uns Gott oder die Geschichte oder sonst etwas Langatmiges."

Zweitausendvierzehn

Fast zeitgleich sind jetzt zwei neue Bücher von Martin Walser erschienen. Der vierte Band seiner Tagebücher „Schreiben und Leben", die Jahre 1979 bis 1981 umfassend. Das andere trägt den auf den ersten Blick sonderbaren Titel „Shmekendike Blumen". Hierbei handelt es sich um einen Essay über den fast vergessenen ostjüdischen Schriftsteller „Sholem Yankev Abramovitsh" (1835 – 1917), dem er in seinem Buch ein überschwängliches Denkmal setzt.

Diesen Autor musste Walser überhaupt erst einmal für sich entdecken. Und das geschah durch die Literaturwissenschaftlerin Susanne Klingenstein (Jg.1959), die über die jiddische Sprache forscht. 2008 lernte sie Martin Walser kennen, als sie für einen Artikel über das Thema „Zehn Jahre nach der Paulskirchen-Rede" recherchierte und den Schriftsteller in Überlingen besuchte. Klingensteins umfassende Studie „Mendele der Buchhändler"-über Leben und Werk von S.Y. Abramowitsh wurde ebenfalls gerade publiziert. Gemeinsam gehen die beiden

Autoren deutschlandweit auf Lesetournee. Das hat schon etwas Besonderes. Und es ist ein seltsamer „Zufall", der Walser ausgerechnet im Zusammenhang mit seiner umstrittenen Rede zur Verleihung des Friedenspreises des deutschen Buchhandels 1998 in der Paulskirche mit einer Forscherin zur jiddischen Literatur zusammenführte. Walsers Dankesrede hatte hitzige Kontroversen ausgelöst, mündete in der so genannten Walser-Bubis-Debatte, in der Ignatz Bubis Walser vorwarf, Auschwitz zu verharmlosen und mit seinen Ausführungen „geistige Brandstiftung" zu verüben durch seine Äußerung von der „Instrumentalisierung des Holocaust".

Wenn man nun Walsers „Denkmal" für Abramovitsh liest, so kann man miterleben, dass Walser erstmals das ganze grausame Ausmaß der Shoa begreift: „Das Ausmaß unserer Schuld ist schwer vorstellbar. Von Sühne zu sprechen ist grotesk. Mir ist im Lauf der Jahrzehnte vom Auschwitz-Prozess bis heute immer deutlicher geworden, dass wir, die Deutschen, die Schuldner der Juden bleiben. Bedingungslos. Also absolut. Ohne das Hin und Her von Meinungen jeder

Art. Wir können nichts mehr gutmachen. Nur versuchen, weniger falsch zu machen."

Mit der Entdeckung des jüdischen Dichters Sholem Yankev Abramovitsh, der das Jiddische, in dem Walser Verwandtes zur alemannischen Sprache seiner Heimat erkennt, zur Literarischen Sprache erwählte, spürt Walser das doppelt Tragische der Vernichtung der Juden durch die Deutschen.

„Ich merke, wenn ich jetzt Abramovitsh lese, dass mich das ungeeignet macht für alles, was ich jetzt tun oder sein müsste. Ich erlebe ein Nicht-mehr-in-Frage-Kommen für das Hier und Heute. Eine vollkommene Eingenommenheit. Von ihm. Ich kann nichts dagegen tun, in mir dominiert die Mitteilung, dass wir dieses Volk umbringen wollten und zu Millionen umgebracht haben. Und dieses Volk ist mir jetzt, erst jetzt, wirklich bekannt geworden. Durch Abramovitsh."

Es geht nicht mehr um Meinungen, die Walser immer kritisch bewertet hat, denn „Meinung tendiert zum Urteil". Das hatte er in seinem Essay „Über Rechtfertigung" thematisiert.

Seine Auffassung: Je mehr Meinung, desto weniger Erfahrung. Das liege natürlich an den Erfahrungen, dass Sprache bei Intellektuellen in einer besonderen Sprachart stattfinde, bei der es fast ausschließlich ums Rechthaben gehe, vielfach lediglich zu Schlagabtausch, zur Bekräftigung der eigenen oder zur Ablehnung der anderen führe.

Ziemlich einsam unter den Intellektuellen stand Walser mit seiner Auffassung zur deutschen Teilung, mit der er sich - seinem „Geschichtsgefühl" gemäß -nicht abfinden konnte. Das trug ihm viel Unverständnis, ja Häme ein. Dennoch empfand Walser nach der Wiedervereinigung weder Genugtuung noch gar Schadenfreude, sondern nur eine reine Freude darüber, dass es so gekommen ist, und dass er es noch erleben durfte. Auch daran darf man heute – 25 Jahre nach dem Mauerfall – ruhig noch einmal erinnern.

Im Grunde, sagte Martin Walser einmal in einem Gespräch mit der Verfasserin, sollte man einen Autor nur an dem messen, was er schreibt. „Natürlich", so fügte er hinzu, „gibt es Provokationen, gibt es zeitgenössische Probleme, da wüsste ich nicht, wie man still sein könnte.

Und doch basiere das Meiste gerade unter Intellektuellen auf Hilflosigkeit, habe etwas von „Pseudo", - wenn nicht dabei eine konkrete Lösung angeboten werden könne.

Eine Lösung kann Martin Walser als Schriftsteller auch heute nicht anbieten. Aber einen Kniefall. Einen geistigen Kniefall: „Dass Menschen abgerichtet werden können, das zu tun, was sie dann taten, bleibt unfassbar. Mir fällt wieder ein der Klingenstein-Satz: ‚Die Literatur selbst ist das Gelobte Land im Exil.' Es ist sicher anmaßend, diesen Satz verstehen zu wollen. Und doch: Das Gefühl selbst will die Abramovitsh-Welt als ein Gelobtes Land erleben. Als etwas, wo man gefahrlos niederknien kann. Abramovitsh lädt dazu ein, ihm zu folgen in sein Gelobtes Land." So endet Walsers Essay.

Aber natürlich geht es Martin Walser neben dem jedem einleuchtenden Grund der deutschen Schuld an den Juden, vielleicht auch seiner eigenen Schuld durch den mißzuverstehenden und beleidigenden Begriff von „Auschwitz als Moralkeule" auch um Sprache. Sprache pur. Ohne Absicht. Und das gefällt Walser ganz besonders bei Abramovitsh. „Da liest sich dann, als sage sich der Text einfach von selber auf! Mir kam das vor wie absichtsloses Erzählen wie kein anderes. Das eben ist die nicht genug zu bewundernde Kraft Abramovitshs." Denn, so Walser: „Eine Absicht, selbst wenn man sie hätte, nützt nichts. Eine Absicht produziert überhaupt keine Sprache. Sprache kommt allein von dem, was weh tut, was einem fehlt, vom Mangel." Weiter lobt er bei ihm die Ausdrucksfülle und „hundertfältige Genauigkeit" als „Ausdruck einer Liebe, die zu allem fähig sei, außer zur Verurteilung".

„Die Romane von Abramovitsh sind eine einzige Zärtlichkeitsfülle. Ich kenne keine Literatur, in der die Menschen in jedem Augenblick durchströmt und bewegt werden von einer solchen Gott-Seligkeit. Ich kann mir keinen Atheisten vorstellen, den diese religiöse Innigkeit unberührt ließe. Und das doch immer tatsächlich in schlichtesten, einfachsten Vorgängen. Aber diese sind eben immer offen für den höchsten Einfluss, den von oben." Schreibt Martin Walser und knüpft an an seine eigenen frühen Erfahrungen. Denn, so offenbarte er der Verfasserin schon vor längerer Zeit: „Religion ist für mich vor allem ein Sprachproblem. Die Religion meiner Kindheit war für mich durch meine Mutter angstbesetzt in einem Ausmaß, das kann man sich gar nicht vorstellen. Diese Glaubensverzweiflung! Und sie wollte uns Kinder davor bewahren. Das machte es für sie nur noch schlimmer. Zum Glück", ergänzte Walser seine Erinnerung, „habe ich später Kierkegaard kennen gelernt, diesen gewaltigen Sprachmenschen".

„Religion ist Sprache", so hat es Kierkegaard formuliert. Dieser Erkenntnis zu begegnen war für Walser wie eine Offenbarung. Gleichzeitig hatte er doch auch etwas Positives aus seiner Kindheit hinüberretten können: „... das Sprachvertrauen, das sich gebildet hat im Umgang mit den Texten der Religion".

Und so flicht Walser auch in diesen Essay Zitate ein aus dem Alten Testament (Das Buch Numeri, Kapitel 15): „ ‚Der Herr sprach zu Mose: Rede zu den Israeliten und sage ihnen, sie sollen sich Quasten an ihre Kleiderzipfel nähen, von Generation zu Generation, sollen an den Quasten eine violette Purpurschnur anbringen; sie soll bei euch zur Quaste gehören. Wenn ihr sie seht, werdet ihr euch an alle Gebote des Herrn erinnern.' Als ich das las, ahnte ich, dass die jüdische Tradition mehr ist als ein Gebäude aus Geboten. Ein Gott, der sich um Quaste kümmert und um violette Purpurschnüre, das ist der Gott der Erzähler. Der will nicht nur geglaubt werden, sondern erlebt."

Schreiben und Leben, Leben und Schreiben, das ist auch für den heute 87Jährigen noch Lebensprogramm, ganz so, wie er seine Tagebuchaufzeichnungen betitelt hat. Auch deshalb, weil er sich keine andere Lebensform als die des Schreibens vorstellen kann. Das hat schon in der Kindheit angefangen. Das Schreiben war für Walser eine Fortsetzung seiner ersten Leseerfahrungen. Eine Form, sich selbst zu begegnen. Früh hat Walser Mangel erfahren. Aber diese Erfahrung wurde für ihn zur Grundlage seines Schaffens als Schriftsteller.

Und er meinte damals in unserem Gespräch: „Ich glaube nicht, dass das das Falsche war, zu schreiben, statt zu leben. Und das Ergebnis rechtfertigt nie, dass man alles andere so vernachlässigt hat. Und gleichzeitig das Gefühl, wieder nicht zum Ausdruck gebracht zu haben, wie es jeweils war. Nicht genau genug. Alles beim richtigen Namen zu nennen, das wär es!"

Glücklicherweise gibt es die Sprache, die Antwort auf das Unerträgliche. Literatur und Religion haben da durchaus eine vergleichbare Funktion und Herkunft. Walser: „Es sage niemand, die für den literarischen Ausdruck ursächliche Erfahrung sei eine andere als die für den religiösen." Beide sind Reaktionen, Antworten auf unsere Lebenssituation, auf die Gesamtnot unserer Existenz. „Und der Schmerz, nicht ewig sein zu können, diese schlimmste Wirkung der Zeit, ist der Anlass, gegen den wir sprechen, klagen."

Über die Gottesproblematik und den Glauben hat Martin Walser viel nachgedacht. „Die Gewissheit des Glaubens ist ja kenntlich an der Ungewissheit", heißt es bei Kierkegaard. Auch im Sinne von Karl Rahner: „Glauben heißt, die Unbegreiflichkeit Gottes ein Leben lang aushalten." Diese „Gegensätzlichkeitsform" ist für Martin Walser von ausschlaggebender Bedeutung: „Wenn man von etwas nicht auch das Gegenteil sagt, sagt man nur die Hälfte. Ohne sein Gegenteil ist nichts wahr", heißt es an einer Stelle seines Romans „Verteidigung der Kindheit".

„Die richtigen Namen zu nennen, das ist für mich die Sehnsucht nach dem, was Sie vorhin Kosmos genannt haben", sagte Martin Walser in unserem Gespräch. „Denn die richtigen Namen gibt es nur in einem Kosmos. Aber jeder Name ist gebrochen, jeder Ton ist gebrochen, wenn der Kosmos gebrochen ist. Deswegen meine Bewunderung für Leute, die so etwas noch haben. Es gibt bestimmte Personen, die können sich diesen Zustand bewahren. Ich brauche eine ungeheure Schocktherapie, bis ich in die Nähe des richtigen Tons komme!"

Da war einmal ein in sich geschlossenes Ganzes. Irgendwann, in der Vergangenheit. Das gilt es mit dem Schreiben nicht ganz vergehen zu lassen, hinüberzuretten gegen „unsere Endlichkeit und Todesangst und Ausgeliefertheit".

Zweitausendfünfzehn

In diesem Jahr startete die katholische Tageszeitung „Die Tagespost" eine Literaturserie zu dem Thema „Poeten, Priester und Propheten" über Leben und Werk von europäischen Schriftstellern des 20. Und 21. Jahrhunderts, die durch Auseinandersetzung mit dem christlichen Glauben sich für ihr Werk inspirieren ließen. Es beteiligten sich renommierte Publizisten, Germanisten und Schriftsteller wie Hans-Rüdiger Schwab und Alexander Pschera an der Serie, die mit weit über fünfzig Schriftstellern ein bedeutendes Spektrum deutscher Literatur abdeckten. Die Serie begann Ende 2014 und endete Anfang 2016.

Neben sechs weiteren Beiträgen von mir wurde auch ein Porträt über Martin Walser unter dem Titel „Literatur als Gelobtes Land" veröffentlicht, bei dem ich auch viele Aussagen von Walser aus unserem tiefgehenden Gespräch in seinem Hause mit einbringen konnte.

2016 wurden die 50 wichtigsten Essays aus der Serie als Buch veröffentlicht unter dem Titel der Serie mit dem Untertitel „Leben und Werk inspirierender Schriftsteller".

Zweitausendsechzehn

Wieder erscheint ein neuer Roman von Martin Walser. Sein Titel: „Ein sterbender Mann".

Einen ähnlich lautenden Titel – „Ein liebender Mann" – hat Martin Walser schon einmal verwendet, 2008, in dem er die historisch verbürgte Liebe des Dichters Johann Wolfgang von Goethe zu der jungen Ulrike von Levetzow thematisierte. Der Dichterfürst war zu jenem Zeitpunkt 73 Jahre alt, als er sich während eines Kuraufenthaltes in Marienbad in die 19-jährige Ulrike verliebte. Fast exakt das gleiche Alter hat der Hauptprotagonist Theo Schadt seines neuen Romans - nämlich 72 Jahre. Auch ihm widerfährt eine plötzliche Liebe im Alter – wie eine Lichtexplosion.

Wieder einmal zieht Martin Walser alle Register seiner Wortkunst, spielt virtuos auf der Klaviatur seiner schriftstellerischen Fähigkeiten: eine federnd leichte Prosa mit Ironie, aphoristischen Einsprengseln und grandiosen Wortschöpfungen, die zu Walsers Markenzeichen gehören. Nur alles um ein Vielfaches verrückter, kapriziöser als beim Herrn Geheimrat Goethe, bei dem sich so viel Unordentlichkeit wohl nicht geziemt hätte.

„Er konnte schreiben, was er wollte, über was er wollte, solange er schrieb, war er geschützt. Das war eingeübt. Das hatte er intus. Schreibend war er nicht von dieser Welt, sondern in einer eigenen", dieses Zitat aus dem Goethe-Roman kann man nun auf Walser selbst und seinen neuen Roman „Ein sterbender Mann" anwenden. Wie ja ohnehin fast immer der jeweilige männliche Hauptakteur jedes Walser-Romans unweigerlich Züge seines Schöpfers aufweist.

Schon im liebenden Mann hatte Walser gewusst, „wer nicht verzweifeln könne, müsse nicht leben" und dass es nicht hilft, „geschrieben zu haben. Nur Schreiben hilft." Und deshalb ist klar, dass Walser auch im Alter von nunmehr fast 89 Jahren weiter die Gedankenfunken sprühen lassen muss. Sehr zum Vergnügen seiner Leser, die wieder einmal einem neuen Feuerwerk beiwohnen können.

Diesmal nimmt Walser sich alle Freiheiten der stilistischen Kombinatorik: Briefe, Mails, Chatprotokolle, Gedichte und Aphorismen purzeln munter durch den 287 Seiten umfassenden Roman, den man im Grunde nicht wirklich einen Roman nennen kann. Was aber nicht stört. Tagebucheintragungen, notierte Traumsequenzen,

Reflexionen bilden weitere Stilelemente in diesem Patchwork.

„Sehr geehrter Herr Schriftsteller!" so beginnt das Buch mit einem Brief an den namenlosen Schriftsteller, geschrieben von Theo Schadt, der unglücklichen Hauptfigur, einem ehemals erfolgreichen Unternehmer und Gelegenheitsschreiber, der den Herrn Schriftsteller auch sogleich auf einen Fehler glaubt hinweisen zu müssen. Nämlich sein Ausspruch „Mehr als schön ist nichts", den er in Frage stellt. Unschwer zu erraten, dass das Zitat von Walser selbst stammt und er hier mit sich und uns, seinen Lesern, von Anfang an ein Versteckspiel spielen will.

Walser jongliert mit den Identitäten, auch in der Folge, in der auftreten: sein einziger Freund Carlos Kroll, der ihn durch Verrat gedemütigt hat, seine treue Ehefrau Iris, die er verlässt wegen seiner neuen Flamme Sina Baldauf; die Chatpartnerin Aster aus dem Suizidforum, eine ihm ebenbürtige Wortakrobatin, Oliver Schumm, sein ärgster Konkurrent und noch einige andere.

„Schreiben und Leben" hatte Walser sein zuletzt (2014) veröffentlichtes Tagebuch genannt. Das ist im Grunde auch das Thema dieses überbordenden, furios sprachfunkelnden, labyrinthischen Werkes. Selbstverständlich kann Walser sich für sich keine andere Lebensform vorstellen. Und so lässt er die beiden ehemals besten Freunde ebenfalls Schreibende sein. Theo Schadt nur als „Nebenherschreiber" von Gebrauchsliteratur, die sich aber als Ratgeberbüchlein bestens verkaufen. Sein Freund Carlos Kroll ist Lyriker, Dichter hermetischer, unverständlicher Gedichte mit Titeln, die ihm Ehrfurcht vor sich selbst einflößen. „Lichtdicht, Leichtlos, SeinsRiss", von denen er nie mehr als 500 Exemplare verkaufte.

Dennoch wurde Carlos Kroll als Genie, seine Gedichte als Sprachereignisse gefeiert. Und dann kommt es zum Bruch, zum Sturz von Theo Schadt, verursacht durch seinen Freund. Dieser hat eine Erfindung von Schadt, in die er ein Vermögen investiert hat, an dessen Konkurrenten verraten und dadurch Schadt ruiniert. Schadt ist derart verletzt, dass er nicht mehr leben möchte (wobei einem dieser Zusammenhang doch etwas unglaubwürdig erscheint). Er begibt sich in ein Online- Suizidforum und chattet mit anderen Lebensmüden.

Eine intensive Mail-Korrespondenz zu einer „Aster" ist die Folge. Dass er verratbar gewesen ist, ist für Schadt mindestens ebenso schlimm wie die Tatsache, dass er verraten wurde. Das zehrt an ihm. „Dass er stürzbar war, bleibt. Er ist der, der gestürzt werden konnte." Das stellt sein ganzes Lebenskonzept, seine Meinung von sich auf den Kopf. Er fühlt sich als der Abgewiesene, der Unverstandene, dem der Dolchstoß eines miesen Verrats widerfahren ist. Und dennoch, je länger er sich mit den Lebensunwilligen, den real oder vermeintlich Verzweifelten austauscht, desto mehr scheint in ihm der Sterbenswunsch zu erlahmen. Besonders seit ihm im Tangoladen seiner Frau Iris, in dem er seit seiner Pleite an der Kasse sitzt, Sina wie ein überheller Lichteinfall begegnet ist. Aber diese so genannte Liebesgeschichte, die sich nur auf dem Papier beziehungsweise in elektronischen Briefen abspielt, ist ohnehin nur eine Projektionsfläche für Theo Schadt alias Martin Walser – wie er auch dem namenlosen Schriftsteller schreibt, er könne mit ihm alles machen, was ihm beliebe – für zum Beispiel so wunderbare „Meßmersche" Gedanken „Ums Altsein" wie: „Wir fallen doch nicht anders als die Blätter vom Baum." Oder: „Mit dem Jahr vergehen. Sich nicht sträuben. Vergehend bleiben." „Er ist stumm vor Neigung zum Glück."

Und: „Das Ende könnte so sein: Ein Andrang von allem und sofort. Eine Fülle zum Schluss wie nie zuvor."

Die ungewöhnliche Überlegung, ob er – Schadt - sich vom Leben habe ablenken lassen durch vieles Lesen. Wie er – Walser - sich auch einmal gefragt hat, ob er sich durch das Schreiben vom Leben habe ablenken lassen. Deshalb diese Konjunktion Schreiben und Leben. Und er meinte damals in unserem Gespräch: „Ich glaube nicht, dass das das Falsche war, zu schreiben, statt zu leben." Im neuen Roman wird dies in Reinform exemplifiziert. Alle Protagonisten kommunizieren innerhalb der Geschichte nur schreibend miteinander. Ob offen oder anonym.

Doch nun im sterbenden Mann: „Du bist. Das genügt. Der Unterschied zu früher: Du warst immer abgelenkt. Abgelenkt von dir. Abgelenkt davon, dass du bist. Und wie interessant es ist zu sein. Es gibt nichts Interessanteres, als da zu sein."

Die ganzen Irrungen und Wirrungen möge der Leser selbst lesen. Mag die Geschichte auch ziemlich verrückt sein, es lohnt sich. Denn nicht nur Walsers Urthemen Liebe, Tod und Sehnsucht kommen darin vor. Satirische Pointen und ironische Seitenhiebe, dass es nur so kracht. Auch Lebensweisheiten. Ein Kaleidoskop menschlicher Erfahrungen. Walser spielt mit Identitäten und Wörtern, scheut keine Übertreibung ins Superlativistische, mixt Komisches mit Tragischem. Virtuos bedient er die Klaviatur seines Könnens. Aber eins möchte er auf jeden Fall vermeiden: das Alter darzustellen als etwas Todtrauriges. Es sterben einige in dem Roman, nur einer - so viel sei verraten- nicht: ein sterbender Mann.

Zweitausendsiebzehn

In diesem Jahr begeht Martin Walser seinen neunzigsten Geburtstag. Bereits gut zwei Monate vor diesem denkwürdigen „runden" Geburtstag kommt ein neues Buch, das sogleich von der Presse als „Alterswerk" angepriesen wird, auf den Markt. Ein Buch mit einem seltsamen Titel: „Statt etwas oder Der letzte Rank".

Roman wird es benannt. Darüber wird noch zu reden sein. Gleich nach Erscheinen des „neuen Walser" überstürzen sich die Feuilletons, wie immer, wenn ein „neuer Walser" erscheint. Nun aber ganz besonders, gilt es doch, was man dem Autor unterstellt, zu vollziehen: eine Bilanz. Eine Lebensbilanz, eine Bilanz seiner Schriftstellerei.

Martin Walser geht wie stets nach Erscheinen eines neuen Buches auf Lesereise. Die Lust auf die Begegnung mit seinen Lesern scheint noch immer ungebrochen.

Auch ich freue mich darauf, Martin Walser in seiner markanten Stimme vortragen zu hören und auf die anschließende Diskussion mit dem Moderator Ijoma Mangold. Am 26. Januar soll die Veranstaltung im Literarischen Colloquium

Berlin, in dem Walser schon öfter zu Gast war, stattfinden. Doch am Morgen der Veranstaltung erfahre ich, dass sie wegen Krankheit von Martin Walser abgesagt werden musste. Den Ersatztermin rund drei Wochen später kann ich nicht wahrnehmen. Meine Pläne für dieses abschließende Kapitel zerstieben im Wind. Ich wollte über das Erlebnis der Lesung und des Gesprächs berichten und auch einige aktuelle Fotos von Martin Walser machen. Das ist mir nun nicht möglich. Also nehme ich an dieser Stelle noch einmal ein Fotoporträt von Martin Walser, dem weisen Mann vom Bodensee: sein Gesicht kaum zu erkennen, aber das Glitzern der Sonne im See und schemenhaft die Blätter der Bäume. Die Brille braucht er heute nicht mehr. Er hat ohne sie den besseren Durchblick gewonnen im Laufe der Jahre, die zwischen dem Foto und seinem nun neunzig Jahre währenden Leben liegen.

Ich kann mich nun uneingeschränkt seinem Buch zuwenden. Das Weiß im Weiß auf dem Äußeren ist das Nichts, ist die Leere, ist Alles, ist Mystik, worüber wir uns bei meinem Besuch am Bodensee vor gut zwanzig Jahren unterhalten haben.

Da ist dieser aberwitzige Titel „Statt etwas". Geht so etwas überhaupt, fragt man sich. Und es geht ja noch weiter mit einer zweiten Zeile „oder" und einer dritten Zeile, die seltsamerweise nach dem „oder" großgeschrieben weitergeht „Der letzte Rank", also eigentlich zwei Titel, verbunden durch ein „oder". Noch verrückter das Titel-„Bild": alles weiß, und ein goldener Rahmen fasst das reinste Weiß. Das macht gespannt. Zumal es von dem neuen Werk auf der Verlagsseite und im Klappentext heißt. „ Ein Musikstück aus Worten, das dem Leser größtmögliche Freiheit bietet, weil es von Freiheit getragen ist: der Freiheit des Denkens, des Schreibens, des Lebens. So nah am Rand der Formlosigkeit, ja so entfesselt hat Martin Walser noch nie geschrieben. Das fulminante Porträt eines Menschen, ein Roman, wie es noch keinen gab."

Porträt eines Menschen. In der Tat. Im Buch wird ein Mensch porträtiert. Er ist im Prinzip namenlos, mal Ich-Erzähler, dann wieder ist von einem Er die Rede, der sich die unterschiedlichsten Namen gibt, austauschbar, also irrelevant, eben: statt etwas. Das klingt trotzig. Aber auch vielversprechend, wenn man die Betonung auf

„etwas" legt. Und dann bewegt man sich von der Person weg, von Unwichtigem mitten hinein in das Weiß. Das Weiß im Weiß ist das Nichts, ist die Leere, ist Alles.

Und schon im ersten der 52 Kapitel begegnet man Sätzen, Walser-Sätzen selbstverständlich. Wie wir sie aus seinen Meßmer-Büchern kennen. Statt etwas. Mehr. Alles. „Auf einmal hatte ich nichts mehr gegen Wunder." „ Zu träumen genügt." „Unfassbar sein wie die Wolke, die schwebt." Also: Hier philosophiert einer über das Leben, über sein Leben. Über alles Grundsätzliche. Indem er auf die weiße Wand starrt, wird ihm vieles bewusst, lernt er vieles über sich, über seine Mitmenschen, über das Leben schlechthin. „Seit ich utopielos war bzw. sein wollte, fehlte mir nichts mehr. Ich starrte auf eine leere, musterlose Wand und vermisste nichts. Mir hatte immer etwas gefehlt. Jetzt wartete ich auf nichts mehr. (…) Als gäbe es ein Nachher und ein Vorher! (…)Und wenn schon Zeit, dann alles gleichzeitig. Zugleich. Simultan."

Aber das Leben schlägt auch demjenigen, der sich durch einen Haken seinen (vermeintlichen) Verfolgern entziehen möchte, manchmal ein

Schnippchen. Mit einem Rank, - dieses im heutigen Sprachgebrauch eher ungewöhnliche Wort, mit einer *"Wendung, die der Verfolgte nimmt, um dem Verfolger zu entgehen",* wie der Unkundige mit Grimms Wörterbuch zu Beginn aufgeklärt wird, - will das Erzähler-Ich seinen realen und eingebildeten Feinden entkommen, nicht indem es fortläuft, sondern indem es unmögliche Sätze sagt, Sätze, die man nicht beweisen kann: „Mir geht es ein bisschen zu gut. Zu träumen genügt. Unfassbar sein wie die Wolke, die schwebt. Ich huste, also bin ich. Ich bin eine blühende Wiese." Und dann die Erkenntnis, dass, wenn überhaupt, man immer nur vor sich selbst davonläuft. „Der Stein, den ich gewälzt habe, war ich selbst. Ausgesetzt auf den Spitzen meiner selbst. Nichts, was ich erlitt, stammte nicht von mir. Unwillens voll, gespornt vom Überdruss, von mir gelähmt, ein Drang nach nichts."

Kann man in diesem Roman genannten Prosawerk eine Handlung ausmachen? Eher nicht im klassischen Sinne eines romanhaften Geschehens. Vielmehr schlüpft der Protagonist zuweilen, wie mir scheint, in ein Narrengewand, um die für ihn wichtigen Wahrheiten verkünden zu können: „Durch Lügen kommt so viel Wahrheit in die Welt wie durch Wahrheit. Ich wollte endlich beitragen zum Ruhm der Unwahrheit."

Oder: „Wenn du selber nur noch die Wahrheit sagen kannst, bist du unter Menschen nicht mehr möglich.". Oder: „Ich bin, was Himmel und Erde wollen. Ich bin das Innerste dieser Welt. Und ich bin das Umfassendste. Ich blühe in jeder Blume. Ich töne in jedem Vogelgesang." Da fragt sich der Leser, spricht da ein Narr oder ein Weiser? In einem der längeren Kapitel (manche sind so kurz, dass sie nur aus einem Satz bestehen) wird der Erzähler zum Kurator einer Ausstellung „mit dem pompösen Titel *Einsamkeit, eine europäische Erfindung*" ernannt. Und vor lauter Angst vor den Wortgewaltigen auf dieser Veranstaltung fühlt er sich plötzlich „viereckig" und kleiner werdend und gerät in Panik. Während er wenige Tage vor der Ausstellungseröffnung im Hotel damit beschäftigt ist, seiner gewöhnlichen Arbeit, „wie aus Erfahrungen Gedanken werden", nachzugehen, besucht ihn ganz unvermutet eine junge Frau, die sich als Kafkas Schwester Wilhelma vorstellt. Es scheint aber ganz so, als sei er der einzige, der diese wahrnimmt. Und so schließt das Kapitel mit einem typischen Walser-Satz. „Das Mögliche kann nur aus dem Unmöglichen kommen."

Dieses Erzähler-Ich hat es offenbar nicht leicht gehabt im Leben. Immer hatte es versucht, anderen zu genügen. „Weil du dir selbst nie genug warst, musstest du anderen genügen." Was sich als unmöglich erwies.

Man möchte diesem Ich oder Er folgen in seine geheimsten Kammern und blättert vor und zurück und findet Sätze vom Ende bestätigt im Anfang. „Ich bin ein Blatt Papier, auf dem noch nichts steht", und dieses „NOCH war die Luft in den Reifen des Gefährts, das ich war." Und es ist die Hoffnung, die das zitternde, zweifelnde, opponierende, verzweifelte Ich dennoch immer weiter trägt. Wer denkt beim Lesen solcher Gedanken nicht auch an eine Lebensbilanz? „Die Hoffnung ist das Steckenpferd, das mich ein Leben lang durch alle Wüsten trägt und mich erst abwirft, wenn am Horizont das Paradies auftaucht."

Um Erwartungen und Enttäuschung, Einsamkeit und Sehnsucht, Glück und Schmerz, um

Träume und Hoffnung, Gedanken und Gefühle, um Sieger und Besiegte, Freunde und Feinde, um die ganze Palette Erfahrung in einem Menschenleben geht es in diesem Buch. Davon könnte ein 500 Seiten starker Roman erzählen. Wer aber die Kunst der reduzierten, klaren Sprache beherrscht, kann dies auch auf 170 Seiten zum Ausdruck bringen.

Und nicht zuletzt: „Jetzt fehlt noch Gott." Und der kommt schon am Anfang des Buches vor. Wenn der Ich-Erzähler auf die leere, musterlose Wand schaute, kam ihm jedes Mal das Wort Gott in den Sinn. „Ich wollte nichts mehr wissen, nur noch sein. Anspruchslos sein…Gott, die reine Metapher. Aber für alles…Ausdruck von allem, was dir fehlte…Und schon wurdest du an der Hand geführt. Du versankst. Endlich gingen dir die Augen auf. Du knietest. Knietest vor der leeren, musterlosen Wand. Und betetest sie an."

Und fast am Ende nimmt Martin Walser diese Bewegung, hin zu etwas, wieder auf: „An der Hand genommen und geführt werden wohin, und man hat nicht gewusst, dass man dahin immer schon wollte."

Und noch weiter zum Ende, im 50. Kapitel unter der Überschrift „Letzte Wahrnehmung" eine Feststellung wie diese: „Unter den Großwörtern der Geistesgeschichte ist Barmherzigkeit eines der größten." Und Walser lässt es nicht bei abstrakten Erörterungen. Dieses Kapitel ist das wohl anrührendste, intimste, ungewöhnlichste Liebesgeständnis an eine Frau mit dem Vornamen „besitzanzeigendes Fürwort", wie Walser sie, *seine* Frau, umschreibt. „Du wurdest beschenkt, ohne dass gefragt wurde, ob du es verdienst, ob du es wert bist. Barmherzigkeit ist – das wurde mir gefühlsklar – die selbstlose Zuwendung eines Menschen zu einem anderen…Die Welt, in der du nur durch Leistung giltst, gibt es nicht mehr, solange du Barmherzigkeit erfährst. Mehr kann ich über die Wirkung nicht sagen."

Martin Walser ist – auch das darf zu seinem neunzigsten Geburtstag einmal hervorgehoben werden – mit seiner Frau Käthe länger als 65 Jahre verheiratet.

An seinem runden Geburtstag wird er in seiner schwäbischen Heimat gebührend gefeiert werden. Eine SWR - Dokumentation als Road-Movie-Reportage, die Martin Walser zu seinen Lieblingsorten am Bodensee führt, wird wenige Tage vor seinem Geburtstag ausgestrahlt werden. Außerdem gibt es rund um den Geburtstag viele verschiedene Beiträge in Funk und Fernsehen, auf der Bühne und in Vortragssälen. Die Dokumentation „Eine Lebensreise um den Bodensee mit Martin Walser und Denis Scheck" wird in Friedrichshafen als Premiere vorgeführt mit Regisseur Frank Hertweck als Gesprächspartner. Am Geburtstag selbst wird Martin Walser über seinen vorletzten Roman „Ein sterbender Mann" mit den Literaturkritikern Denis Scheck und Felicitas von Lovenberg diskutieren.

„Zu träumen genügt. Ein Literarisches Lesespiel zum 90. Geburtstag von Martin Walser", unter diesem Titel – ein Zitat aus seinem letzten Roman aufgreifend – findet am 21. März um 20 Uhr eine Lesung mit Martin Walser im Literaturhaus Stuttgart statt mit einer Live-Übertragung im SWR2.

Walser selbst hatte während seines Studiums als Reporter für den Süddeutschen Rundfunk, dem Vorgänger des heutigen SWR, gearbeitet. An der Seite von Alfred Andersch, Ingeborg Bachmann, Hans Magnus Enzensberger und anderen hat er mit dem Format „Radio-Essay" bundesrepublikanische Kulturgeschichte geschrieben, bevor er 1957 freier Schriftsteller wurde und damit seit 60 Jahren selbst Literaturgeschichte geworden ist.

Gedanken zum Schluss

Vom Motto, das ich diesem Porträt über den großen Schriftsteller Martin Walser vorangestellt habe, möchte ich zum Schluss einen Bogen schlagen mit einigen Zitaten, die sich durch Walsers Werk hindurchziehen wie eine Ader im Gestein, hin zu seinem bisher letzten, zu der weißen Wand, dem „lauter Nichts" des Angelus Silesius, der auch in unserem Gespräch eine bedeutende Rolle gespielt hat.

Er wird der Leere keinen Namen mehr geben.

Alleinsein hat keinen Ton. Lautlos wartet, wer allein ist. Sobald er Gott annimmt, singt er. Sich durchschauend wird er wieder stumm.

Ich möchte mich zusammenfalten wie die Karte eines Landes, in das ich nicht mehr reisen werde.

G. wäre also das reinste Wort, das es gibt. Die pure Wortwörtlichkeit. Das vollkommene

Sprachwesen. Das Sprachliche schlechthin. In G. käme also die Sprache zu sich selbst.

Er entdeckt, dass er fromm ist. Er weiß, wie lächerlich es ist, wenn er sich als fromm bezeichnet. Diese Unersättlichkeit! Jetzt will er auch noch fromm sein! Er kann es also keinem sagen. Niemand darf erfahren, dass er fromm ist. Aber wenn sie es selbst merken?

Meine Sehnsucht war zu spielen. Schönstens und endlos. Viel sprach dafür, dass ich bald die Bälle fallen lassen musste und mich selber auch.

Das Ende könnte so ein: ein Andrang von allem und sofort. Eine Fülle wie nie zuvor.

Noch nie hast du so heftig vorwärtsdenken und -gehen könne. Das machte ihn leicht. So leicht wie noch nie. Problemlos. Ziellos. Schmerzlos. Schwerelos.

Ich blühe in jeder Blume. Ich töne in jedem Vogelsang. Ich bin jeder Sturm. Und jede Stille. Weder zu zählen noch zu wiegen. Ich bin. Ich bin, also bin ich.

Veröffentlichungen über Martin Walser

- Zu Besuch bei Martin Walser. In: Der Literat‚s Nr.12, 1995
- Der Schmerz, nicht ewig sein zu können. In: Publik-Forum, Nr. 6, 1996
- Die Welt müßte einen weißen Schatten werfen. In „Verrückt genug, an ein Paradies zu glauben - Autorenporträts". Verlag Sankt Michaelsbund, München 2002
- Sich unter Schmetterlinge mischen. Über Martin Walser Roman „Ein liebender Mann". In: Die Tagespost, 29. März 2008
- Martin Walser. In: „Fünfuhrgespräche". Verlag Ernst Kaufmann Lahr 2008
- LiteraturZeit: Zu Gast bei Martin Walser. In: buchSzene Heft 3/2008
- Rechtfertigung gibt es nur bei Gott. Zum 85. Geburtstag von Martin Walser. In: Die Tagespost, 24. März 2012
- Martin Walser – Ein Porträt zum 85. Geburtstag. In: Theologie und Literatur, Online-Portal, März 2012
- Literatur als Gelobtes Land. Über Martin Walsers neue Bücher „Schreiben und Leben" und „Shmekendike Blumen", In: Die Tagespost 11. November 2014

- Ein Mensch der Sprache – Martin Walser. Porträt in der Literatur-Serie „Poeten, Priester und Propheten". In: Die Tagespost 17. November 2015

- Am Ende war eine Fülle wie nie zuvor. Über Walsers Roman „Ein sterbender Mann". In: Die Tagespost 12. März 2016

- Ein Mensch der Sprache - Martin Walser. In: „Poeten, Priester und Propheten. Leben und Werk inspirierender Schriftsteller". Herausgeber: Stefan Meetschen und Alexander Pschera. Fe Verlag Kißlegg 2016

- Martin Walser. In: „Vorweggenommen in ein Haus aus Licht. Autorenporträts", Twentysix Verlag Norderstedt 2016

© Ilka Scheidgen

Ilka Scheidgen schreibt Lyrik, Romane, Erzählungen, Essays, Rezensionen und Autorenporträts. Sie hat sich als Schriftstellerin und Publizistin in vielfacher Weise einen Namen gemacht.

Über Hilde Domin (1909-2016) und Gabriele Wohmann (1932-2012) hat Ilka Scheidgen die einzigen autorisierten Biografien veröffentlicht.

Zuletzt erschienen von ihr vier Bände mit Doppel-Porträts.

2002 wurde sie für ihr literarisches Werk mit dem Kulturpreis des Kreises Euskirchen ausgezeichnet.

Homepage der Autorin:
www.ilka-scheidgen.de